Die Welt, das Leben
Informationen und Lösungsvorschläge

Die Welt, das Leben

Rainer Nemayer

Rainer Nemayer
2014

Erstausgabe 2001

ISBN 978-1-4709-7683-5

Rainer Nemayer
Berliner Straße 68
D 72458 Albstadt

http://buchstore.tk/

Inhaltsverzeichnis

Vorwort

Dieses Buch ist eine Zusammenfassung von verschiedenen Artikeln, die ich bereits in verschiedenen Medien veröffentlicht habe.

Es sind aber auch neue und erweiterte Beiträge vorhanden.

Wir alle bewegen uns seit Generationen auf eingefahrenen Gleisen, die entweder im Kreis oder in das Nichts führen.

Wir sind gefangen von Erziehung, Überlieferungen und vielen mehr.

Wir nehmen vieles hin, ohne darüber nachzudenken ob dieses logisch und richtig ist.

Durch eine Unzahl von unnötigen Vorschriften und Gesetzen geht langsam der letzte Rest unserer persönlichen Freiheit verloren.

Sicher, in jeder Gesellschaft sind Regeln und Vorschriften nötig.

Dieses darf aber nicht übertrieben werden.

Viele dieser Gesetze sind unnötig und schränken unsere Freiheit ohne einen vernünftigen Grund ein.

Viele leben um zu arbeiten statt umgekehrt.

Weltanschauungen werden anerzogen und basieren oft nicht auf der eigenen Meinung.

Dieses und vieles mehr ist gegen jede Vernunft.

In meinem Buch weise ich auf diese Mängel hin. Neben viel Information, zeige ich hier die Zusammenhänge auf. Auch eine mögliche Erklärung für viele Dinge ist hier enthalten.

Sie stimmt, mit sehr hoher Wahrscheinlichkeit.

In Politik und Wirtschaft finden Sie hier auch Lösungen zu aktuellen Problemen.

Hierzu gehört auch das Bildungssystem.

Auch Lösungen zu aktuellen Problemen finden Sie in diesem Buch und auch einiges mehr.

Persönliche Freiheit und ihre Einschränkungen sowie das Thema Sexualität sind auch wichtig.

Unterdrückung ist auch ein wichtiges Thema.

Sicher, Sie werden in einigen Punkten nicht meiner Meinung sein.

Aber mein Buch bringt Sie vielleicht dazu, selber zu denken. Ich finde es auch gut, sich an den folgenden Grundsatz zu halten:

1. Die Freiheit des Einzelnen ist unser wichtigstes Gut.

2.Politische Entscheidungen müssen nach Zweckmäßigkeit, ohne Bevorzugung jeglicher Interessengruppen getroffen werden.

3.Bei wichtigen Entscheidungen muss eine Volksabstimmung erfolgen. Bei dieser ist allerdings mindestens eine Mehrheit von mindestens 75 % erforderlich, weil sonst Radikale und Interessengruppen das Ergebnis beeinflussen.

4.Gesetze und Vorschriften, müssen auf ein für Ordnung und Sicherheit notwendiges Minimum beschränkt werden. Sie dürfen nicht von Weltanschauungen oder Interessengruppen beeinflusst werden.

5.Kein Staat hat das Recht, Menschen zu verletzen oder zu töten. Ausnahme: Notwehr und Schutz der Grundrechte und des Staates und seiner Bürger, sowie zur Verhinderung von Gefahrensituationen und bei allen Dingen, die gegen diesen Grundsatz verstoßen. So lange hierdurch anderen Personen oder der Allgemeinheit kein Schaden entsteht, stehen die Interessen des Einzelnen vor denen der Allgemeinheit.

6.Es darf Kindern keine Religion oder ähnliches aufgezwungen werden. Dieses kann dauerhafte Schäden erzeugen (z. B. religiöse Fanatiker.) besser ist es, diesen Grundsatz und eventuell die im Kapitel Religion angegebenen Punkte als Erziehungsmaßregeln zu nehmen.

7.Jeder Mensch hat das Recht in jedem Land der Erde zu Leben, seinen Lebensunterhalt zu verdienen, so weit er bereit ist, sich die Sitten und Gesellschaftsordnung des Landes anzupassen, so weit sie mit diesem Grundsatz zu vertreten sind.

8.Jeder hat das Recht, auf die Religion und Weltanschauung seiner Wahl. Diese darf allerdings nicht durch Gesellschaft oder Erziehung aufgezwungen werden, sondern auf eigener Überzeugung beruhen. Er darf andere allerdings nicht damit gegen ihren Willen belästigen.

Jesus, Mohammed und alle anderen Gründer der großen Religionen wollten es so, und nicht dass Menschen zu ihrer Anschauung gezwungen werden, in ihren Namen Kriege geführt werden und Morde geschehen.

Nachsatz:

Viele Probleme werden sich von selber lösen, wenn die Menschen begreifen würden, das ihre Lebensform keine Sonderstellung auf diesen Planeten hat, sondern nur eine von vielen ist, die alle gleichberechtigt sind. Das Verhalten jeder Lebensform ist programmiert, auch das des Menschen. Dieses ist auch bei Vorschriften und Gesetzen zu beachten.

Die Sache mit der Krone der Schöpfung ist, grob gesagt: QUATSCH.

Politik und Wirtschaft

Gibt es die ideale Regierung?

Die Antwort lautet nein.

Die ideale Regierung müsste jeden gerecht werden.

Das ist leider nicht möglich.

Im Prinzip sind in demokratischen Staaten mit freien Wahlen nicht viele Veränderungen nötig.

Allerdings muss es die Möglichkeit geben jede Entscheidung, jede Vorschrift und jedes Gesetz durch Volksabstimmung zu kippen.

Es ist ein Ding der Unmöglichkeit, dass eine Regierung gewählt wird und dann die nächsten Jahre alles entscheiden kann.

Da es leider die Erscheinung gibt, dass nur wenige Personen zur Volksabstimmung gehen, ist hier eine Mehrheit von mindestens 75 % erforderlich.

Fanatiker oder ähnliche gehen meist zu fast 100 % zur Abstimmung und würden sonst zu falschen Ergebnissen führen.

Es gibt auch noch eine bessere Lösung:

Die Anzahl aller Wahlberechtigten, inklusive der Personen die nicht zur Volksabstimmung gehen, ist 100 %.

Die Ergebnisse werden aus dieser Zahl errechnet.

Hier ein Beispiel:

Bei einer Volksabstimmung wählen 60 %.

Es gibt 1000 000 wahlberechtigte.

450 000 Stimmen mit Ja.

150 000 Stimmen mit Nein.

Ergebnis: 45 % Ja.

15 % Nein.

40 % haben nicht abgestimmt.

In diesem Beispiel hat Ja gewonnen.

Stimmen 35 % mit Ja und 25 % mit nein haben die Nichtwähler mit 40 % die Mehrheit.

Die Abstimmung ist gescheitert und hat keine Wirkung.

Es sind auch folgende Verbesserungen nötig:

Angefangene Projekte sollten auch nach einem Regierungswechsel beendet werden.

Die Trennung von Religion und anderen Interessengruppen, sollte bei wichtigen politischen Entscheidungen selbstverständlich sein.

Sicher, andere totalitäre und von Religionen geprägte Regierungen missachten jedes Recht auf Freiheit.

Leider ist es in manchen Fällen nur möglich, sich zu arrangieren.

Hier kann man nur auf die weitere Entwicklung hoffen.

Hier ein Beispiel:

Der Krieg in Afghanistan dauert jetzt schon eine lange Zeit.

Es ist ein Krieg und kann auch nicht als humanitäre Hilfe deklariert werden.

Er macht enorme Kosten.

Zu gewinnen ist er nicht.

Hier einige ganz einfache Gründe:

Der Islam ist eine der großen Weltreligionen. Er hat viele Millionen überzeugte Anhänger.

Hierzu gehören auch die Extremisten, wie die Anhänger von Osama bin Laden und auch die Taliban.

Auch nach dem Tod von Osama bin Laden, trifft dieses auf seine Nachfolger zu.

Diese Gruppen, die wir als Terroristen bezeichnen, leben ihre Art des Islam, nach ihren Glauben und ihren Regeln.

Ohne eine große Zahl von Anhängern könnten sie keinen Krieg, der offensichtlich auch von Erfolgen über die internationalen Einsatzkräfte geprägt wird führen.

Solange ein großer Teil der Bevölkerung auf ihrer Seite ist, ist es keiner Seite möglich den Krieg zu gewinnen.

Und wenn doch?

Der Teil der Bevölkerung mit extrem islamischer Einstellung würde weiter existieren.

Es wäre nur durch Unterdrückung und Verfolgung zu kontrollieren.

Ist dieses ein erstrebenswertes Ziel, welches Opfer und Geld kosten tut?

Es gibt nur eine Lösung:

Wahlen unter Einbeziehung der extremen Gruppen.

Hier kann die Bevölkerung entscheiden, wie die Weichen für die Zukunft gestellt werden.

Haben die Taliban eine Mehrheit bei den Wahlen, ist es der Wille der Bevölkerung und das Land wird von ihnen regiert.

Ist ein starker regionaler Unterschied gegeben, bin ich für eine Teilung des Landes.

Ich bin auch dafür, mit den extremen Gruppen ein Gespräch zu führen. Nur so ist es möglich, die Spirale der Gewalt zu beenden.

Auch für die andere Seite sind zahlreiche Opfer gegeben. Auch sie können den heiligen Krieg, auch wenn ihr Glaube es ihnen vorschreibt, niemals mehr gewinnen. Hier ist auf beiden Seiten der Respekt vor der Meinung der anderen Seite gefragt.

Und was ist mit dem islamischen Staat?

Der islamische Staat entsteht wenn er nicht gebremst wird, größtenteils auf dem Gebiet des Irak.

Auch ich fand es gut, dass hier der frühere Diktator mit Gewalt abgesetzt wurde.

Aber was kam danach?Auf jeden Fall, keine Stabilität.So entstanden die idealen Voraussetzungen, für die Kämpfer des IS.

Wirtschaft

Diese Themen hängen auch mit dem Kapitel Politik zusammen.
Die Zentrale Frage ist, was kann man noch unternehmen um die Situation zu retten? Welche Kosten sind zu hoch oder unnötig?
Ich werde mit diesem Artikel, bei vielen Menschen anecken. Aber wenn man darüber nachdenkt, kommt man zu den gleichen Ergebnissen. Fange ich von ganz vorne an.

Die ersten Jahre.

Ein Erziehungsgeld nach der Geburt eines Kindes finde ich in Ordnung.
Aber muss danach Kindergeld, wie es in vielen Ländern üblich ist, bezahlt werden?
Nur an Empfänger von Sozialhilfe.
Bei anderen Familien verdienen die Eltern das nötige Geld, um für ihre Kinder zu sorgen.
Es genügen Steuererleichterungen.
Eine Voraussetzung hierfür ist die Einführung von Mindestlöhnen.
Hierzu später mehr.
Kindergärten, Kinderkrippen und Ähnliches sind nur nötig, wenn beide Elternteile arbeiten.
In diesem Falle, verdienen beide ihr Geld.
Daher ist es nicht Aufgabe der Kommunen, dieses zu bezahlen.
Arbeitet ein Elternteil nicht, kann sich dieser um die Kinder kümmern.Eine Aufbewahrung an anderer Stelle ist dann nicht nötig.Wer es trotzdem will, der soll die Rechnung bezahlen. Kindertagesstätten sind so ein weiterer Wirtschaftszweig, der Arbeitsplätze schafft und statt Kosten, Steuern einbringt. Aufgabe der Kommunen ist dann nur noch für ein gutes Freizeitangebot für Kinder und Jugendliche zu sorgen.

Wir sparen uns kaputt.

Diesen Artikel habe ich schon vor 10 Jahren geschrieben. Er trifft immer noch zu.
Jahrelang wurden Sparsamkeit und Konsumverzicht als gut befunden und auch von Regierungen gefördert.

Ich habe schon vor Jahren, auch in Leserbriefen an verschiedene Zeitschriften vor den Folgen gewarnt.

Jetzt sehe ich immer mehr, dass ich leider Recht hatte.

Heute wird an allen Ecken und Enden gespart. Die Menschen in weiten Teilen Europas haben Angst Geld auszugeben, weil sie Angst vor der Zukunft haben und befürchten, ihre Arbeitsplätze zu verlieren.

In letzter Zeit trifft das auf Deutschland weniger zu, auf andere Länder dafür um so mehr.

Dieses Verhalten wird auch bald zum Verlust vieler Arbeitsplätze sorgen.

Die Menschen leben immer mehr in Angst vor ihrer Zukunft, gehen kein Risiko mehr ein und wollen total abgesichert sein.

Hiermit erreichen sie allerdings genau das Gegenteil.

Wird weniger gekauft, wird automatisch weniger produziert.

Wird weniger produziert, werden weniger Arbeiter gebraucht und viele verlieren ihre Arbeit.

Um mehr zu verkaufen, werden die Preise gesenkt.

Die Produktion lohnt sich nicht mehr. Viele Firmen müssen schließen.

Es fallen weitere Arbeitsplätze weg.

Die Menschen kriegen noch mehr Angst und versuchen weniger auszugeben und Rücklagen zu bilden.

Die Rücklagen entziehen Kaufkraft, es gibt noch mehr Arbeitslose und die Rücklagen werden verbraucht, weil es keine Arbeitsplätze mehr gibt. Das Geld der Rücklagen kommt viel zu langsam in Umlauf um etwas zu retten.

Was kann man noch tun?

1.Keine offiziellen Aufforderungen zur Sparsamkeit.

2.Das Bewusstsein der Menschen dahin verändern, dass sie heute leben und nicht in einer noch unbekannten Zukunft. Kann jemand sagen, wie alt er wird?

Vielleicht ist notfalls auch noch etwas von Zusammenhalt und Familie übriggeblieben. Geht was Jahrtausende ging, auf einmal nicht mehr?

Probleme angehen, wenn sie überschaubar sind und nicht vorher in Panik geraten. Geiz ist nicht geil, sondern unser aller Ruin.

3.Extreme Zinssenkungen. Einführung einer hohen Vermögenssteuer, ab einem Vermögen dass dem Nettoeinkommen von 6 Monaten entspricht. Am besten ca. 50 %.

Die Einnahmen aus dieser Steuer den Renten und Sozialversicherungen zuführen um die Lohnnebenkosten zu senken.

4.Auf Haus und Grundbesitz, wenn diese nicht genutzt oder vermietet werden, eine sehr hohe Steuer legen.

5.Transfer von Vermögen in Länder mit hohen Zinsen versteuern und auf Vermögen im Ausland die gleiche Steuer legen wie im Inland. Wenn dieses zu extrem ist, sollte man alles tun, um die Verbraucher zum Verbrauchen anzuregen oder ein neues Wirtschaftssystem schaffen.

Den vorigen Beitrag, habe ich schon 1996 geschrieben und 2003 verbessert. Er ist leider immer noch aktuell.

Folgende Punkte sind im größten Teil der Welt zu beachten. Sie treffen zumindest auf alle Industrieländer zu. Welche Probleme sind zu lösen?

1.Es wird zu wenig Geld ausgegeben. Oft wird es aus Angst vor der Zukunft auf die Seite gelegt, oft ist es aber auch nicht mehr vorhanden.

2.Viele Artikel werden günstiger in Billiglohnländern produziert.

3.Die Kosten liegen zu hoch.

Als Folge hiervon ist kein endgültiger Durchbruch bei der Lösung der anstehenden Probleme zu erzielen.

Zur Lösung dieser Probleme, kann ich nur folgende Vorschläge machen:

1.Einführung eines Mindestlohnes, der sich stufenweise auf voraussichtlich 2000,00 € im Monat steigert.

Nur so ist das zur Lösung der übrigen Probleme nötige Geld im Umlauf. Außerdem führen die übrigen Punkte zu Preissteigerungen.

Arbeitslose und Empfänger von Sozialhilfe erhalten auch Mindestlohn. Sie müssen aber alle Kosten für Wohnen, Kinder usw. hiervon bezahlen.

Wohngeld uns sonstige Leistungen entfallen hierfür.

2.Erhöhung der Vermögenssteuer. Jedes Vermögen (auch Ersparnisse) über 10000,00 € wird mit 75 % versteuert.

Da sparen sich nicht mehr lohnt, kommt Geld in den Umlauf. Es wird mehr produziert, es gibt weniger Arbeitslose.

3.Ausgenommen von der Vermögenssteuer ist nur die Investition in Mietwohnungen und in Betriebe um neue Arbeitsplätze zu schaffen.

Banken müssen einnahmen unverzüglich in Kredite für die Wirtschaft, aber auch für Privatpersonen investieren.

Keine Spekulationsgeschäfte oder sonstige langfristige Investitionen für Banken. Das Geld muss der Wirtschaft erhalten bleiben.

Auch Aktien fallen unter Punkt 2.

4.Einführung der Einfuhrsteuer auf alle Artikel, die aus Billiglohnländern kommen.

Der Satz muss den Differenzbetrag zwischen Produktion aus dem eigenen Land und billiger Auslandsproduktion ausgleichen.

5.Das Schulsystem effektiver machen.

Siehe meine entsprechenden Vorschläge.

6.Ausländer die aus Staaten kommen, die nicht dem Wirtschaftsraum angehören, bekommen nur eine Aufenthaltsgenehmigung, wenn diese eine Arbeitsstelle nachweisen.

In Härtefällen bei Lebensgefahr sind Ausnahmen befristet möglich.

7.Abschaffung des festen Renteneintrittsalters.

Statt dessen Rente erst nach Eintritt der Arbeitsunfähigkeit.

Auch alte Menschen sind oft noch viele Jahre arbeitsfähig.

Umgekehrt kann die Arbeitsunfähigkeit schon früher eintreten.

Daher: Entscheidung im Einzelfall.

Einführung eines Mindestsatzes, der mindestens den Leistungen des Sozialamtes entspricht und eines Höchstsatzes, der dem 1,5 fachen des gesetzlichen Mindestlohnes entspricht. Wer mehr will, soll sich privat versichern.

Nach Ausführung der vorstehenden Vorschläge dürften die Probleme weitgehend gelöst sein.

Viele werden meinen, dass diese Vorschläge nicht mit meiner Ansicht über die persönliche Freiheit zu vereinbaren sind.

Hierzu muss ich folgendes sagen:

1.Die Freiheit des Einzelnen endet, wo diese die Freiheit einer anderen Person einschenkt.

2.Persönliche Freiheit ist zum Großteil nur in einen gesunden Staat möglich. Auch wenn diese Lösung für viele schmerzlich ist, gibt es leider keine anderen Lösungen.

Die Finanzkrise und ihre Auswirkungen.

Besonders die deutsche Regierung hat sich bisher bemüht, das Problem in den Griff zu bekommen und zeigt auch erste Erfolge.

Das was bisher getan wurde, ist auf jeden Fall mehr, als in anderen Ländern getan wird.

Trotz einer hohen Staatsverschuldung, sind die Dinge die getan worden sind, besser als den Kopf in den Sand zu stecken.

Dennoch bleibe ich dabei: Wenn die Kauflust der Bevölkerung nachlässt, wird die Krise angeheizt.

Ein Teil der Krise findet auch in den Köpfen der Menschen statt.

Dennoch habe auch ich einen Vorschlag der hilft, die Krise zu bewältigen:

1.Keine Hilfe für angeschlagene Banken.

2.Gründung einer staatlichen Bank.

3.Das Geld, welches für die Rettung der Pleitebanken eingeplant ist, als Grundkapital für die Staatsbank verwenden.

4.Die Staatsbank vergibt Kredite an die Wirtschaft und private Investoren.

5.Mehr Produktion für die Nachfrage aus dem Inland.

Kredite bevorzugt in dieser Richtung vergeben.

Auf die Dauer ist nicht nur der Export, sondern besonders der Inlandskonsum zu beachten und entsprechend zu fördern.

Sparen um die Staatsverschuldung zu senken, ist hierfür der falsche Weg.

Es muss mehr Geld im Umlauf gehalten werden.

Der Einzelne muss mehr ausgeben können. So steigen auch die Steuereinnahmen und die Staatsverschuldung kann sinken.

Zur Eurokrise.

Der Euro ist gut für die Länder, die nur geringe wirtschaftliche Probleme haben.

Die Problemländer sollten den Euro aufgeben und zu ihrer alten Währung zurückkehren.

Es mag am Anfang schmerzlich sein.

Aber nach einiger Zeit werden sich im Land die Lebenshaltungskosten, der Währung angleichen.

Durch den Wechselkursgewinn, wird das Land für Besucher und Investoren aus den reicheren Ländern preiswert und interessant.

Da die Produktionskosten in dem Land durch den Wechselkurs auch sinken, ist es auch für Unternehmen interessanter, in dem Land produzieren zu lassen oder Produkte zu kaufen.

Das schafft weitere Arbeitsplätze.

Diese Länder sind vor dem Euro auch gut zurechtgekommen.

Ein anderes Beispiel aus Spanien:

Ein renoviertes Haus in Muldenachse hat kurz vor dem Euro 3 Millionen Peseten gekostet.

Das waren 36000, -- DM oder 18000, -- Euro.

Heute kostet das gleiche Haus 150000, -- Euro.

Daher fehlen auch Käufer und Investoren aus anderen Ländern.

Die Folge: Krise total.

Wenn der Euroraum auf die Länder, die weniger Probleme haben begrenzt wird, haben auch diese Länder weniger Ausgaben, was auch im Sinne der Steuerzahler ist.

Sicher, Banken und Zentralbanken haben dann starke Verluste. Aber dieses ist immer noch besser, als die Staatsschulden in den gesunden Ländern enorm zu Steigern. Siehe auch:

Sparmaßnahmen in Spanien.

Dieser Beitrag ist für alle Länder der Eurozone zutreffend, die hiermit Probleme haben.

Ich nehme hier Spanien nur als Beispiel.

Ich lebe in Spanien.

Die hiesige Regierung ist dabei, durch rigorose Sparmaßnahmen die Staatsverschuldung zu senken.

Dieses soll zur Stabilität des Euro beitragen.

Dieses ist ein sicherer Weg, das Land vollends zu Ruinieren.

Warum?

Wenn der Bevölkerung das Geld zum Konsum entzogen wird, wird weniger gekauft.

Dadurch sinkt die Produktion.

Weniger Produktion bedeutet weniger Arbeit.

Weniger Arbeit bringt mehr Arbeitslose.

Mehr Arbeitslose bedeuten weniger Konsum.

So dreht sich die Spirale weiter.

Das Wirtschaftswachstum in Spanien zeigt endlich wieder positive Zahlen. Jetzt wird ihm der Todesstoß versetzt.

Da es hier so gut wie kein Sozialsystem gibt, trifft es jeden Arbeitslosen noch viel stärker als beispielsweise in Deutschland.

Stellenabbau im öffentlichen Dienst und viele andere Sparmaßnahmen ist garantiert der falsche Weg, um die Lage zu retten.

Ein anderes Beispiel:

Hier gibt es kein Kindergeld und auch kein Elterngeld.

Dafür erhielten Eltern bei Geburt eines Kindes 2500, -- Euro.

Dieses soll angeblich am 1.1.2011 ersatzlos gestrichen werden.

Hierzu kann ich nur sagen, Kinder brauchen bis zur Geburt meistens 9 Monate. Jeder Leser dieser Zeilen, kann ausrechnen was passiert.

Die übrigen Sparmaßnahmen gehen auf Kosten der Rentner und anderer Gruppen, die sowieso kein Geld haben.

Die Stützung des Euro hilft nur einer verschwindend kleinen Gruppe, die über Ersparnisse verfügt.

Muss ein Land hierfür ruiniert werden?

Obwohl ich ein Befürworter des Euro bin, sehe ich für alle Problemländer nur die Lösung den Euro abzuschaffen und die alte Währung wieder einzuführen.

So kommt es zu Abwertungen, die für den Export nur förderlich sein können und auch den Fremdenverkehr fördern. Ich bin sehr für persönliche Freiheit. Allerdings bin ich nicht dafür, das durch Bildung von Rücklagen Kaufkraft entzogen wird.

Daher müssen vor der Rückkehr zur alten Währung vorübergehend alle Konten eingefroren werden. Nur so kann verhindert werden, das Vermögen in andere Länder transferiert wird, um der folgenden Abwertung zu entgehen.

Auch Preiserhöhungen müssen verhindert werden.

Dieses trifft nicht nur auf Spanien zu, sondern auch auf andere Länder.

Sparmaßnahmen und viel Geld zur Rettung der Banken helfen der Bevölkerung wenig.

Die Wirtschaft muss durch mehr Konsum angekurbelt werden.Nur so werden Arbeitsplätze geschaffen. Es ist leider eine Tatsache, dass hier jeder 2. Jugendliche arbeitslos ist.

Schule und Ausbildung

Wir brauchen ein anderes Ausbildungssystem.

Das Ausbildungssystem ist in vielen Ländern der Welt teuer, ineffektiv und kostet schon im Kindesalter die Freiheit des Einzelnen.

Ab dem 6. Lebensjahr werden Kinder unter Leistungsdruck gesetzt, der sich bis zum Ende der Schulzeit weiter verstärkt.

Schule und Zeugnisse sind entscheidend für die spätere Laufbahn. Das ist unlogisch und falsch. Wer in der Schule gut war, kann im Beruf versagen und umgekehrt.

An den Schulen werden viele Dinge gelehrt, welche im späteren Leben nicht benötigt werden.

Fast alles, woran man kein Interesse hatte, vergisst man später.

Einschulung mit 8 Jahren.

Der erste Punkt ist die Aufteilung der einzelnen Fächer in getrennte Kurse.

Jeder Kurs ist in Schuljahre aufgeteilt.

Benotung gibt es keine. Es gibt nur 2 Bewertungen:

Bestanden und nicht bestanden.

Bei bestanden ist der Kurs für das Schuljahr beendet oder komplett abgeschlossen.

Bei nicht bestanden muss der Kurs ein Schuljahr wiederholt werden. Und das möglichst solange, bis ein Erfolg gegeben ist. Die Anfangskurse liegen fest und müssen von allen Schülern ausgeführt werden.

Hierzu gehören schreiben und lesen, die Grundrechenarten, Grundkenntnisse in Geschichte, Erdkunde, Sozialkunde und einiges mehr.

Mit 10 bis 12 Jahren zeigen sich Interessen und Befähigungen. Hier folgen Kurse, die auf das zukünftige Berufsleben zielen. Sie werden nach Interessen der Auszubildenden ausgesucht. Jeder Kurs muss mit einen sicheren Abschluss enden und bis zu diesem Zeitpunkt fortgeführt oder wiederholt werden. Statt Zeugnis, Bestätigung des Kursabschlusses.

Keine Bewertungen. Danach folgt der Einstieg in das Berufsleben oder Studium.

Voraussetzung für dieses, ist der Abschluss der entsprechenden Kurse.

Die Universität ist ein Teil der Schulausbildung.

Sind in einem Land die Schulen kostenlos, entfallen auch Studiengebühren.

Die Versorgung der Studenten ist weiterhin Aufgabe der Eltern.
Sind diese nicht in der Lage, müssen diese auch Sozialhilfe erhalten.
Ich empfehle, Hausaufgaben abzuschaffen.
Erziehungsberechtigte, die oft vom Lehrstoff keine Ahnung haben, wollen hier helfen oder üben sogar Druck auf ihre Kinder aus.
Eine Stunde mehr in der Schule bringt den gleichen Lerneffekt wie Hausaufgaben, aber mit weit weniger Problemen. Nach der Schule haben Kinder und Jugendliche Freizeit und keinerlei Ausbildungsstress.
Hier nochmals die Vorteile:
Weniger Stress und mehr Freiheit für unsere Kinder.
Weniger Kosten.
Gerechtere Chancen im Berufsleben.

Nochmals zum Thema Ausbildung:
Hier ein Beispiel:
Das Ziel ist, Medizin zu Studieren.
Nötig ist hierfür ein guter Abschluss in Biologie und eventuell Chemie.
Mathematik, Geschichte und viele andere Fächer, sind hierfür nicht erforderlich.
Dieses gilt auch für alle anderen Berufe. Denkt mal darüber nach.
Hier die Antwort auf die Fragen zur Grundausbildung für alle:Zur Grundausbildung gehört: Lesen, schreiben, die Grundrechenarten einschließlich Bruchrechnen, Prozent rechnen und Ähnliches, Geschichte in den wichtigsten Grundlagen, Religionen allgemein, die Grundgedanken der wichtigsten Religionen, nicht eine Religion speziell. Dieses ist Sache von weiterführenden Kursen. Ein Grundwissen in Politik und Gemeinschaftskunde ist auch nötig.Alles Andere ist Sache von weiterführenden Kursen, die nach Berufsziel und Interesse frei wählbar sein müssen. Viele Leser dieser Zeilen werden protestieren, aber es ist eine Tatsache, dass das Wissen welches einen entgegen seiner Interessen aufgezwungen wurde, mit den Jahren wieder verloren geht.

Das Sozialsystem im Deutschland

Sozialhilfe

Dieses Thema ist und bleibt aktuell.

In Deutschland wird die Sozialhilfe nach einem festen Regelsatz, genannt Hartz IV, berechnet.

Folgendes trifft auch für alle Industrieländer zu.

In Stern TV, einer Sendung des deutschen Senders RTL, habe ich eine interessante Diskussion gesehen.

Hier ging es darum, ob die deutschen Sozialleistungen ausreichend sind und ein menschenwürdiges Leben gewährleisten.

Hier wurde auch erwähnt, das eine Erhöhung in Erwägung gezogen werde.

Eine der anwesenden Damen meinte, das Geld solle für Kindertagesstätten und andere Förderungsmaßnahmen verwendet werden.

Hier ist meine Meinung hierzu:

Alle Förderungsmaßnahmen sind keine dauerhafte Lösung.

Kindertagesstätten dienen hauptsächlich zur Aufbewahrung der Kinder.

Diese werden der Familie entfremdet und geraten teilweise unter den schlechten Einfluss der anderen Kinder.

Ein Kind sollte, wenn mindestens ein Partner nicht arbeitet, in der Familie aufwachsen.

Hierzu muss die Grundversorgung ausreichend sein.

Wenn die Sozialleistungen höher sind, wird auch mehr konsumiert. Dieses bringt Arbeitsplätze und Investitionen. Somit hat der Staat auch höhere Einnahmen.

Ein Argument war, das Geld würde nur versoffen und verqualmt.

Dieses trifft natürlich auf einen Teil der Sozialhilfeempfänger zu.

Aber es ist Sache des Einzelnen, was er sich kauft.

Auch Menschen mit wenig Geld haben das Recht, selber zu entscheiden.

Außerdem ist es in Wirklichkeit gar nicht schlimm.

Nehmen wir mal eine Erhöhung von nur 100, -- € an.

50 % aller Hartz-IV-Empfänger gehen in eine Gastwirtschaft und trinken im Monat für die 100, -- € Bier.

Der Wirt hat mehr Einnahmen, die er auch Verteuern muss. Auch kann er deutlich mehr Geld ausgeben.

Hierdurch werden wieder neue Arbeitsplätze geschaffen.

Da mehr Arbeit da ist, muss er Personal einstellen.

Das bedeutet: Weitere Arbeitsplätze und mehr Einkäufe seiner neuen Mitarbeiter.

Weiteres Resultat: Mehr Steuereinnahmen.

Aber auch das Bier muss produziert werden.

Hier werden mehr Rohstoffe, Material und neue Mitarbeiter benötigt.

Das gleiche gilt auch für die Zulieferfirmen.

Hier könnte ich die Geschichte unendlich weiterführen.

Ergebnis: Das Arbeitslosenproblem wird kleiner.

Die Staatseinnahmen steigen. Es gibt weniger Personen, die Sozialleistungen erhalten.

Nur so lassen sich die Probleme dauerhaft lösen.

Hier ein Beitrag, den ich in verschiedenen Foren veröffentlicht habe:

In Deutschland ist im Moment eine Diskussion über die Sozialleistungen, auch Hartz IV genannt, im Gang.

Die Erhöhung von 5, -- Euro oder auch um 10, -- Euro ist meiner Meinung nach ein Witz.

Ebenso ist das gesamte System unzureichend und falsch.

Ich habe ganz andere Vorschläge:

Alle Sozialhilfeempfänger erhalten das Geld pro Haushalt, was eine Familie in der unteren Einkommensklasse zur Verfügung hat.

Dieses werden einige für ungerecht halten.

Aber auch deren Arbeitsplatz wird durch den hieraus resultierenden Konsum gesichert.

Lohnnebenkosten wie Krankenversicherung und Rentenversicherung werden normal zum Abzug gebracht.

Die Betroffenen erhalten selbstverständlich ihr Wohngeld und Kindergeld.

Da das Einkommen vorhanden ist, müssen hiervon alle Kosten wie Miete, Strom, Wasser und Heizung bezahlt werden.

Es gibt keine weitere Hilfe.

Wenn das Geld verprasst wird, ist das die Sache des Sozialhilfeempfängers und fördert auch noch Wirtschaft. Sollte ein Sozialhilfeempfänger diese Kosten nicht bezahlen, muss er als Obdachloser oder in einem Wohnheim leben.

Das Wohnheim erhält in diesen Fall die Sozialleistungen zur Deckung der Kosten für Unterkunft und Verpflegung.

Da Sozialhilfeempfänger genug Zeit haben, können sich Diese auch um ihre Kinder kümmern und diese erziehen.

Wollen sie es nicht, müssen sie die Kosten für Krippe, Kindergarten usw. bezahlen.

Dieses spart auch weitere Kosten.

Weitere Einsparungen sind auch durch den Wechsel des Schulsystems von Klassen zu Kursen.

Arbeitsfördernde Maßnahmen und Arbeitsvermittlung sollten nur an Personen erfolgen, die arbeiten wollen.

Kostenlose Arbeit für Kommunen usw. ist dagegen einem Sozialhilfeempfänger durchaus zuzumuten.Auch dieses spart Kosten.Mit den eingesparten Geldern ist die Finanzierung der Sozialleistungen kein Problem und die Eigenverantwortung der Betroffenen wird gefördert.

Das Sozialsystem muss erneuert werden.

Es ist in allen Ländern verschieden. Viele Länder haben, auch oder praktisch, keines. Ich gehe daher auf die Regelungen in Deutschland ein.

Dennoch könnte nein Vorschlag auch für andere Länder interessant sei.

In Deutschland gibt es Arbeitslosengeld.

Hier finde ich, dass Änderungen nicht nötig sind.

Langzeitarbeitslose und andere fallen allerdings in die Regelung, die Hartz IV genannt wird.

Diese Regelung ist Mangelhaft, kostenaufwändig und gibt den Betroffenen zu wenig.Anderseits sind, besonders Arbeitnehmer mit geringem Verdienst der Meinung, dass auch dieses zu viel ist.Anderseits ist der Konsum der Sozialhilfeempfänger für die Wirtschaft förderlich und schafft auch Arbeitsplätze und vielleicht sogar Lohnerhöhungen. Es gilt also eine Lösung zu finden, die beiden Seiten gerecht wird.

Die Sozialreform.

Hier ist zunächst ein totales Umdenken erforderlich.

Folgende Probleme sind zu lösen:

Die Sozialhilfeempfänger sollen das Geld haben, was sie zum Leben brauchen.

Es soll dennoch der Anreiz gegeben sein, auch eine Arbeit mit geringer Bezahlung zu suchen und anzunehmen.

Das Sozialgeld soll möglichst schnell der Wirtschaft zugeführt werden.

Geringverdiener sollen sich nicht benachteiligt fühlen.

Auch muss die Eigenverantwortung der Sozialhilfeempfänger gefördert werden.

Auch diese haben Anspruch auf persönliche Freiheit.

Wie sind diese Probleme zu lösen?

Hier ist mein Vorschlag:

Sozialhilfeempfänger erhalten kein Bargeld, sondern eine spezielle Kreditkarte.

Abheben von Bargeld ist mit dieser nicht möglich.

Es kann nur in ordentlichen Geschäften mit Kreditkartenleser eingekauft werden.

Auch Besitzer von Kartenlesern, dürfen kein Bargeld auszahlen.

So ist der Einkauf auf Schwarzmärkten und in Nachbarländern, was besonders auf Tabakwaren und aber auch auf andere Artikel zutrifft, nicht möglich.

Diese Artikel können so nur in den normalen Geschäften eingekauft werden, die ihre Einnahmen auch versteuern.

Folgende Beträge entsprechen dem momentanen Stand von Januar 2012 und werden sich in Zukunft vielleicht verändern.

Hier ist eine Anpassung nötig.

Das Sozialamt zahlt an jeden Ersten des Monats folgendes pro Haushalt auf die Karte ein:

    1000, -- € Grundkapital.

    500, -- € für jedes Haushaltsmitglied ab dem 14. Lebensjahr.

    300, --€ für jedes Kind.

Guthaben auf Banken, Wohneigentum und andere Wertgegenstände gehen in den Besitz des Sozialamtes über.

Da die Betroffenen nichts mehr besitzen, müssen alle Altschulden storniert werden.

Auch dürfen Sozialhilfeempfänger keine Schulden machen und keine Kredite aufnehmen.

Ein Restguthaben auf der Karte wird zum Ersten gelöscht.

Kosten wie Miete, Strom, Wasser, Leasingraten, Kindertagesstätten, Ausbildungskosten für die Kinder, Schulverpflegung, notwendige Versicherungen, die Telefonrechnung, Internet usw. werden am ersten vorab von der Gutschrift abgebucht.

Für Handys kommt nur eine Preepaidkarte in Frage.

Diese ist wie ein normaler Einkauf zu behandeln.

Bei Kraftfahrzeugen ist nur Leasing, in dem alle Kosten inklusive sind, möglich.

Die Karte hat auch folgende Beschränkung:

Es kann pro Tag nur bis zu folgenden Betrag eingekauft werden:

20, -- € pro Person über 14 Jahre.

10, -- € pro Person unter 14 Jahre.

So ist sichergestellt, dass das Geld den ganzen Monat reicht und es ist so auch, der Anreiz gegeben, eine mit Geld bezahlte Arbeit zu suchen.

Da Wohneigentum an das Sozialamt geht, kann das Amt das Objekt an die Sozialhilfeempfänger vermieten.

Wohnungen müssen möbliert angeboten und angemietet werden, da der Sozialhilfeempfänger kein Geld für Möbel hat.

Für Autos, Elektrogeräte usw. kommt auch nur Leasing in Frage.

Ist eine Immobilie hoch verschuldet, fällt diese an die Bank und der Sozialhilfeempfänger sucht sich eine neue Wohnung.

Eventuelle Verdienste aus minder bezahlten Arbeiten werden vom Kartenguthaben abgezogen.

Die Betroffenen können hier über das Bargeld verfügen.

Hat ein Haushaltsmitglied, eine normal bezahlte Arbeit gefunden, werden seine 500, -- € von der Karte gestrichen.

Bleibt er im Haushalt, muss er einen entsprechenden Anteil der Miete und der anderen Kosten bezahlen.

Umgekehrt müssen bei Krankheiten mit erhöhten Kosten, Sonderregelungen getroffen werden.

Schwarzarbeit muss grundsätzlich mit Gefängnis bestraft werden, da kein Sozialhilfeempfänger eine Strafe bezahlen könnte.

In dieser Zeit wird die Gutschrift um den Anteil der Person gemindert.

Dieses trifft natürlich auch bei anderen Delikten zu.

Ich möchte, dass über meinen Vorschlag diskutiert wird.

Er enthält nur die wesentlichen Eckpunkte.

Die Feinheiten sind Sache der Politiker.

Ich halte meine Vorschläge, für eine vernünftige Lösung.

Sicher, es gibt auch andere Lösungen.

Aber ich halte diese Lösung für die Beste.

Die Grundversorgung für Rentner.

Ein besonderer Fall sind Rentner, die zu wenig Rente erhalten.

Sie müssen die Grundversorgung für Rentner, in Anspruch nehmen.

Sie sind schlechter gestellt als Hartz 4 Empfänger, da die Leute, die diese Hilfe erhalten, praktisch keinen Freibetrag für weitere Verdienstmöglichkeiten erhalten.

Viele wären eigentlich noch Arbeitsfähig und könnten sich etwas Hinzuverdienen.

Das ist aber leider nicht möglich, weil ihnen dann die Grundversorgung entsprechend gekürzt wird.

Selbs einen sogenannten1,50 € Job können diese Personen nicht annehmen, weil selbst dieser kleine Verdienst, von der Grundsicherung abgezogen wird.

Es gibt zwar einen winzig kleinen Freibetrag.

Aber würden Sie, um im Monat 50,-- € mehr zu haben, täglich bis zu 8 Stunden arbeiten?

Wie einige meiner Leser vielleicht wissen, gibt es das tatsächliche und das relative Alter.

Das heißt auch, eine Person ist schon mit 40 arbeitsunfähig, eine andere Person erst mit 90.

Hier muss dringend, eine vernünftige Regelung getroffen werden.

Auch die Zuständigkeit des Sozialamtes, finde ich hier falsch.

Es wäre einfacher, eine Mindestrente festzusetzen, die Lebenshaltung, Miete und Heizkosten deckt.

Mehrkosten?

Diese würden vermutlich schon eingespart werden, weil die Mitbarteiter des Sozialamtes, dann weniger Arbeit haben.

Finden Sie es richtig, dass ein Mensch, der sein ganzes Leben gearbeitet und Steuern bezahlt hat, sich beim Sozialamt melden muss, nur weil er nur eine kleine Rente erhält?

Viele der Betroffenen, empfindenden das als Diskriminierung.

Das muss doch nicht sein.

Außerdem ist genug Geld vorhanden.

Fehlt welches?

Was halten Sie von meinem Vorschlag, dass für Personen mit einer anderen Staatsbürgerschaft in einem Land der Europäischen Union, das Sozialamt von deren Heimat, zuständig sein sollte?

Auch hiermit könnte viel Geld eingespart werden.

Finden Sie es richtig, dass Personen, nur weil sie eine Altersgrenze erreicht haben, pauschal auf ein Abstellgleis geschoben werden?

Ich nicht.

Energie und Umwelt

Atomkraft, nein danke?

Auch ich bin kein Freund der Atomenergie.

Diese Art der Stromerzeugung beinhaltet einiges an Risikofaktoren, wie an den Unfällen in der Vergangenheit deutlich zu sehen war.

Dennoch bin ich er Meinung, dass es leider keinen anderen Weg gibt um den steigenden Energiebedarf zu vernünftigen Preisen zu decken.

Sie wollen einen Beweis?

Suchen Sie eine Stromrechnung von vor 10 Jahren und vergleichen Sie die Preise.

Es klingt zuerst widersinnig, aber gerade aus Gründen des Umweltschutzes bleibt nur diese Möglichkeit.

Durch Ökostrom kann zwar der momentane Energiebedarf gedeckt werden, aber für eine gesunde Umwelt ist ein weit höherer Energiebedarf einzuplanen.

Weitere Informationen hierzu, folgen in diesem Buch.

Ein weiterer Punkt:

Wollen Sie eine Windkraftanlage vor Ihren Fenster?

Wollen Sie eine der neu geplanten Fernleitungen neben Ihrem Haus?

Sicher, die Wahrscheinlichkeit, dass Sie davon betroffen sind, ist nur gering.

Aber andere Personen würden dieses Problem haben.

Finden Sie dass gut?

In meinem Buch finden Sie einige Erklärungen und einen Vorschlag, wie das Energieproblem zu lösen wäre.

Zunächst muss ich nochmals erwähnen, dass ich eigentlich nicht zu den Befürwortern von Atomkraftwerken zähle.

Aber es gibt leider keine Alternative, die uns preiswerte Energie liefern könnte

Alle Alternativlösungen, die kein Risiko für die Umwelt und auch für uns darstellen, können den tatsächlichen Energiebedarf keinesfalls decken und wenn ja, zu welchem Preis?

Hand aufs Herz, wären Sie bereit für die Energie die sie verbrauchen, ein mehrfaches zu bezahlen?

Auf den gewohnten Komfort zu verzichten und im Winter zu frieren?

Wegen der gestiegenen Kosten Ihren Arbeitsplatz zu verlieren?

Da Sie kein Geld mehr haben, hungern?

Möchten Sie in einer gesunden Umwelt verhungern?

Nur wenn Sie alle Fragen mit Ja beantworten, können Sie für den Ausstieg aus der Atomenergie sein.

Ich denke allerdings, dann sind Sie Teil einer Minderheit.

Einige Leser dieses Artikels meinten, dass hier die Fakten und auch einige andere Angaben fehlen.

Diese sind nicht nötig.

Suchen Sie eine Stromrechnung, die schon etliche Jahre alt ist.

Vergleichen Sie die alte Rechnung mit der neuesten Rechnung.

Das Ergebnis sagt mehr als alle Fakten, die hier gewünscht werden.

Bei einem Ausstieg aus der Atomenergie müssen die Energiekonzerne den Energiebedarf decken.

Dieses ist nur mit Energieimport aus anderen Ländern möglich. Abgesehen vom Preis und anderen Problemen, entsprechen die Atomkraftwerke in vielen Ländern, nicht den europäischen Sicherheitsstandards.

Das heißt, das Problem wird nur verlagert, das Risiko wird erhöht, aber es wird nicht gelöst.

Alternative Energien sind zwar eine gute Lösung, werden aber in absehbarer Zukunft den Energieverbrauch bei Weitem nicht decken und nur die Preise in die Höhe treiben.

Energie sparen ist gut, löst aber diese Probleme auch nicht. Es darf auch nicht durch Übertreibungen zur Einschränkung der Lebensqualität führen.

Finden Sie es gut, mit dicker Kleidung in einer zu kalten Wohnung zu sitzen?

In der Früh in ein kaltes Badezimmer zu gehen?

Ich nicht und Sie bestimmt auch nicht.

Dieses war nur eines von vielen Beispielen.

Auch die hohen Treibstoffpreise sind ein Ärgernis.

Es ist ein wichtiger Teil der persönlichen Freiheit, sich jederzeit an einen beliebigen Ort zu begeben.

Ohne Bindung an irgendwelche Fahrpläne und ohne sich in meist überfüllte Busse und Bahnen zu Quetschen.

Die einzige vernünftige Möglichkeit hierfür ist das eigene Auto.

Viele werden sagen, das Fahrrad ist eine vernünftige und gesunde Alternative.

Das stimmt leider nicht.

Außer das es keinerlei Schutz vor schlechtem Wetter hat, ist es ein unsicheres und für alle Verkehrsteilnehmer gefährliches Fortbewegungsmittel.

Es ist instabil und normalerweise langsamer als der fließende Verkehr. Zur sportlichen Betätigung ist das Fahrrad allerdings sehr gut.

Ich empfehle dieses in geschlossenen Sportgeländen einzusetzen.

So bleibt das Auto die einzige Möglichkeit.

Alternative Antriebsformen sind in Entwicklung, aber in absehbarer Zeit nicht ausgereift.

Das Auto braucht Treibstoff.

Dieser wird normalerweise aus Erdöl gewonnen.

Das Endprodukt wird immer teurer.

Man neigt dazu, den Ölmultis die Schuld zu geben.

Aber der Preis wird durch Sondersteuern und sonstigen Abgaben oben gehalten.

Rechnen Sie die Steuern, Umweltabgaben usw. von einem Liter Benzin oder Diesel aus und schauen dann, was danach noch übrig ist.

Durch dieses falsche Umweltbewusstsein entsteht auch ein enormer Schaden für die Wirtschaft.

Nicht nur dass Kaufkraft abgeschöpft wird, es gehen auch Arbeitsplätze verloren.

Durch den Versuch, durch höhere Preise die Autobenutzung einzuschränken, geht auch ein Teil unserer Freiheit verloren.

Als mündiger Bürger sollte man selber Entscheiden, wie viel das Auto benutzt wird.

Aufgabe des Staates ist für günstige Treibstoffpreise und autogerechte Städte zu sorgen, damit der Bürger diese Freiheit hat. Auch ich bin dafür, die Umwelt zu schützen. Der richtige Weg ist Fahrzeuge zu entwickeln, die weniger Abgas erzeugen.

Diese werden mit der Zeit die alten Fahrzeuge, auch ohne Zwang ablösen.

Höhere Steuern für alte Fahrzeuge und Ähnliches halte ich wiederum für eine unnötige Gängelung.

Mit der Zeit werden sich Elektroautos weiter verbreiten.

Der Stromverbrauch wird hierdurch enorm zunehmen.

Den Rest lesen Sie am Anfang dieses Artikels.

Sogenannte Umweltschützer und Atomkraftgegner versuchten wiederholt die Entsorgung von Atommüll zu verhindern.

Ein großer Teil sind nur Mitläufer. Sie teilen einfach die Überzeugung ihrer Freunde.

Diese können scheinbar nicht über die Folgen ihres Gedankenganges nachdenken.

Abgesehen von der Einstellung, dass der Atommüll nicht an diesen Platz eingelagert werden soll und daher in ein anderes Land kommt, führt diese Einstellung zurück in das Mittelalter.

Wäre dieses eine Alternative für Sie?

Hier ist schon grundlegendes gesagt.

Sicher, durch die Katastrophe in Japan, hat sich die Kritik an der Atomenergie erheblich verschärft.

Dennoch halte ich es für falsch, übertriebene und panikartige Reaktionen zu zeigen.

Ich denke auch, das es in nächster Zeit weitere Reaktorkatastrophen geben wird. Viele Länder können sich einen Ausstieg aus der Atomenergie nicht leisten.

Andere Länder, wie China, bauen neue Atomkraftwerke oder haben den Bau geplant.

Die Länder, welche sich den Ausstieg aus der Atomenergie nicht leisten können, haben oft auch überalterte und unsichere Anlagen.

Hier erwarte ich die nächste Katastrophe.

Strom aus ökologischer Produktion, könnte den momentanen Bedarf decken.

Aber um die Umwelt zu schonen, ist weit mehr nötig.

Um unsere Arbeitsplätze zu sichern, braucht die Wirtschaft immer mehr Energie.

Diese Energie sollte auch nach Möglichkeit sehr preiswert sein.

Hier wird der Energiebedarf weiter steigen und die Energie darf nicht teurer werden. Besser wäre eine Verbilligung. Diese ist nötig, um international konkurrenzfähig zu bleiben.

Einige Betriebe könnten und werden auf Verbrennungsenergie umsteigen, was auch mit modernsten Filteranlagen einen Schaden für die Umwelt darstellt.

Oder es werden weitere Betriebe in andere Länder ausweichen.

Ökostrom wird schon hier scheitern, weil der steigende Energieverbrauch nicht zu den nötigen günstigen Preisen zu bewerkstelligen ist.

Ein weiteres Problem für die Umwelt ist der Straßenverkehr. Millionen von Verbrennungsmotoren, verpesten unsere Umwelt. Eine Technik, die eigentlich schon lange in das Museum gehört.

Ökologischer Treibstoff aus Pflanzen ist hier auch keine Lösung.

Solange in vielen Teilen der Welt noch Menschen verhungern, ist es besser, die Anbauflächen zur Nahrungsmittelproduktion zu nutzen.

Wenn der Bedarf am pflanzlichen Grundstoffen zur Treibstoffproduktion steigt, werden genau die Länder in denen die ärmsten Menschen leben, diese Pflanzen anbauen und exportieren.

Sie denken vielleicht, das würde den Einwohnern dieser Länder Arbeit und Geld bringen?

Leider nein.

Die Konzerne, die hier Geld verdienen wollen, benutzen die modernste Technik und reduzieren so ihre Arbeitskräfte.

Die Leute, die hier arbeiten erhalten einen Lohn, mit dem sie weiterhin hungern.

Es ist die moderne Form der Sklaverei.

Die einzige Alternative ist der Elektroantrieb.

Dieser ist eigentlich schon eine uralte Erfindung.

Haben Sie als Kind auch Micky Maus Hefte gelesen?

Oma Duck fuhr ein Elektromobil.

Ich glaube nicht, dass die Macher der Hefte, diese Sache erfunden haben.

Ich denke eher, diese Erfindung gab es schon vor langer Zeit.

Nur wurde, vielleicht aus finanziellen Gründen, die Weiterentwicklung stark gebremst.

Heute ist es bereits möglich, Elektroautos mit einer durchaus ausreichenden Leistung zu bauen.

Die Nachteile zum Verbrennungsmotor sind bereits heute zumutbar.

Dennoch muss jetzt die Entwicklung schnellstens voran getrieben werden.

Auch der Schwerlastverkehr muss in Zukunft mit dieser Technik funktionieren.

Wenn sämtliche Kraftfahrzeuge zum Laden an eine Steckdose müssen, ist ein wesentlich höherer Bedarf an elektrischer Energie gegeben.

Dafür ist der Umweltschutz um einiges besser.

Dennoch muss der Strom produziert werden.

Und die Energiepreise müssen sich in einen vernünftigen Rahmen halten.

Ich bin der Meinung, dass dieses mit erneuerbaren Energien nicht oder nur unzureichend möglich ist.

Eine Lösung wäre der Import von elektrischer Energie.

Diese wird in anderen Ländern, in teilweise veralteten und unsicheren Atomkraftwerken produziert.

Mit dieser Lösung wäre das Problem nicht gelöst, sondern nur verlagert.

Auch wäre es für die Umwelt nur förderlich, wenn Heizungen, Küchen, industrielle Produktion und einige andere Dinge, sauber mit Strom betrieben werden.

Auch die Dreckschleudern, die sich Kraftwerke nennen und durch Verbrennung betrieben werden, müssten schleunigst und sogar noch vor den Atomkraftwerken ausrangiert werden. Selbst mit den modernsten Filteranlagen, werden hier noch enorme Mengen von Schadstoffen in unsere Atemluft geblasen.

Und Energie sparen?

Es ist eigentlich nur ein Tropfen auf einen heißen Stein.

Politik und Wirtschaft wollen hier die Betroffenen für dumm verkaufen.

Die Kosten liegen hier oft in einen Bereich, wo es viele Jahre dauert, in die Gewinnzone zu kommen.

Oft ist es möglich, dass das Objekt, wo die Energie eingespart wird, nicht so lange hält.

Das gleich trifft leider auch auf Solaranlagen zu.

Ein Beispiel ist auch die gewaltsame Einführung der Energiesparbirne.

Diese bietet zwar eine Einsparung von Energie, ist aber in ihren Bestandteilen alles Andere als umweltfreundlich. Sie ist um ein Vielfaches teurer als die alte Glühbirne. Nach meiner Erfahrung konnte ich auch keine viel längere Haltbarkeit feststellen.

Das Licht ist nach Meinung meines Augenarztes, nicht gut für die Augen und die Einsparung gleicht auf meiner Stromrechnung, nicht die Mehrkosten für die teuren Birnen aus.

Zusätzlich lässt mit der Zeit die Lichtleistung nach.

Dann ist es bereits an der Zeit, über eine Neuanschaffung nachzudenken.

Energiesparen finde ich gut, solange es in einen vernünftigen Rahmen bleibt.

Dennoch ist es nötig, ausreichend preiswerten Strom zur Verfügung zu haben.

Der Ökostrom kann hier auf jeden Fall einen Teil des Energiebedarfes decken.

Auch halte ich es für möglich, dass dieser in einigen Regionen den Strombedarf decken kann.

Auch die guten, alten Wasserkraftwerke liefern einiges an Energie und sind durchaus in der Lage, ihre Umgebung zu versorgen.

Dennoch, insgesamt führt kein Weg an der Versorgung aus Atomkraftwerken vorbei.

Diese sind in der Lage, den erhöhten Energiebedarf zu decken ohne unsere Umwelt zu verpesten.

Atomkraftgegner und einige Umweltschützer hetzen sich gegenseitig auf.

Hier ist eine vernünftige Diskussion leider nicht mehr möglich.

Der Ökostrom wird angeboten und verkauft.

Aber, wenn Sie diese alternative Energie beziehen, fördern Sie den Ausbau der Produktion nur mit Ihrer finanziellen Hilfe.

Der Strom, der aus Ihrer Steckdose kommt, kann genauso in einem Atomkraftwerk produziert worden sein.

Seien Sie hier auch vorsichtig, beim Abschluss eines Vertrages.

Es gibt auch hier Unternehmen, die aus der momentanen Lage nur Gewinn erzielen wollen.

Seien Sie vorsichtig und leisten Sie keine Vorauszahlungen.

Wie ist das Problem zu lösen?

Ich habe lange darüber nachgedacht, wie dieses schwierige Problem zu lösen ist.

Gibt es überhaupt eine Lösung, die allen Anforderungen gerecht wird?

Ich sage: Nein.

Die Atomenergie ist nötig, um dem zukünftigen Energiebedarf zu decken.

Ein Restrisiko wird immer bestehen.

Aber es ist möglich, dieses noch enorm zu reduzieren.

Als erstes ist es nötig, dass die Energieversorgung regional getrennt wird.

Für den Ausgleich in der Stromversorgung, sind so die vorhandenen Fernleitungen ausreichend.

In den Gebieten wo Strom aus Wasserkraftwerken, Windkraftwerken oder in Zukunft auch aus anderen Quellen, beispielsweise Solarkraftwerken erzeugt wird, soll die Versorgung auch durch diese Energielieferanten vorgenommen werden.

Atomkraftwerke sind hier unnötig und sollten sofort abgeschaltet werden.
Für die notwendigen vorhandenen Reaktoren nach alter Bauart ist es leider nötig, eine Übergangsfrist bis zur Abschaltung, zu bestimmen.
Handelt es sich hierbei um eine lange Zeit, muss leider ein Umkreis von mindestens 20 Kilometer geräumt und zur Gefahrenzone erklärt werden.
Um den Energiebedarf zu decken, sind leider noch viele weitere Atomkraftwerke nötig.
Aber wie sind diese, praktisch ohne Risiko oder mit nur einem geringen Restrisiko zu betreiben?

Es gibt nur eine Lösung.
Diese ist zwar aufwändig und teuer, aber es führt kein Weg daran vorbei.
Dafür wird der Ausbau in vielen Gegenden zur Belebung des Arbeitsmarktes beitragen.
Die Atomkraftwerke müssen weit unter die Erde.
Nur so kann verhindert werden, dass bei einen Unfall oder bei einer Kernschmelze, Strahlen in bewohnte Gebiete an der Oberfläche kommen können.
Sie denken vielleicht, die Idee ist Blödsinn?
Ist ihnen bewusst, das sogar bei unterirdischen Atomversuchen eine enorme Reduzierung der Strahlung erreicht wurde?
Und dieses, obwohl die Strahlung bei Atombomben, um ein Vielfaches höher ist, als bei der größten möglichen Katastrophe in einen Atomkraftwerk.
Sie sehen, es gibt nur diese Lösung.
Ich sehe auch für viele gebiete eine gute Lösung, die sich anbietet und in der Praxis einfacher zu bewerkstelligen und auch preiswerter ist.
In vielen Gegenden gibt es stillgelegte Bergwerke.
Diese reichen bis weit unter die Erde.
Hier bietet sich ein Ausbau als Atomkraftwerk an.
Sicher, auch hier muss die Sicherheit beachtet werden. Es muss auch der Verlauf der Wasseradern berücksichtigt werden, damit auch hier keine Radioaktivität in das Trinkwasser und an die Oberfläche kommen kann.
Die Stollen müssen auch erdbebensicher ausgebaut werden.
Aber dieses hört sich nur schwierig an.
Es ist aber durchaus machbar.
Auch wirksame Terroranschläge, sind hier praktisch unmöglich.

Selbst das Risiko von Flugzeugabstürzen und ähnlichen Möglichkeiten ist hier ausgeschaltet.

Gibt es eine Katastrophe, ist zwar das Kraftwerk zerstört, aber es gibt keine Folgeschäden in der Umgebung.

Wo die Voraussetzungen mit bereits vorhandenen, stillgelegten unterirdischen Anlagen nicht gegeben sind, müssen leider die aufwändigen Arbeiten eines Neubaus ausgeführt werden.

Für Kohlekraftwerke und ähnliche Dreckschleudern, sehe ich keine Zukunft.

Diese vergiften nur unsere Atemluft und unsere Umwelt.

Nachsatz.

Wie Sie hier gelesen haben, ist die Einstellung „Atomkraft, nein danke" nur auf den ersten Blick zu vertreten.

In der Praxis führt diese nur dazu, die Energiepreise steigen zu lassen und zu einer unsicheren Energieversorgung.

Auch der Umweltschutz bleibt hier auf der Strecke.

Aber es gibt auch vernünftige Lösungen.

Sicher, diese werden nicht allen Personen gerecht.

Aber, ohne einen vernünftigen Kompromiss sind diese Probleme nicht in den Griff zu bekommen. Es gibt auch hier, wie in vielen Dingen, keine Lösung, die allen Menschen gerecht wird. Ich halte meine Vorschläge für die vernünftigste Lösung.

Persönliche Freiheit

Die persönliche Freiheit ist ein wichtiger Bestandteil des menschlichen Lebens.

Sie ist daher um jeden Preis zu verteidigen.

Sie muss allerdings eingeschränkt werden, damit alle in den Genuss kommen.

Was ist Freiheit?

Der Begriff „Freiheit" ist nicht leicht zu erklären.

Daher sehen Sie hier ein kleines Beispiel:

Meine Frau und ich, helfen den Straßentieren in Spanien.

Wir geben ihnen Futter und Wasser.

So können wir etwas helfen, dass sie überleben.

In einer kleinen Stadt, am Ebrodelta, existiert ein Hunderudel.

Ich kenne es bereits seit über zehn Jahren.

Es sind zwischen 8 und 12 Tiere.

Anführer ist immer ein kleiner, schwarz gefleckter Hund.

Die übrigen wechseln manchmal, durch den Tod und neue ausgesetzte Hunde.

Ich habe den Tieren mal wieder einige Kilo Futter vorbeigebracht.

Ich habe es an einem Platz in ihrer Nähe abgelegt.

Dann bin ich ein Stück weiter gefahren und habe den Platz beobachtet.

Solange ein Mensch in der Nähe ist, kommen diese Hunde nicht.

Sie haben zu viele schlechte Erfahrungen mit Menschen gemacht.

Nach circa 20 Minuten kamen sie.

Erst kam der Anführer, dann die anderen.

Als das Futter zu Ende war, verschwanden sie wieder ganz schnell.

Dennoch, die Tiere haben auf mich einen glücklicheren Eindruck gemacht, als viele ihrer Artgenossen, die in der Obhut von Menschen leben.

Sie leben zwar gefährlich und meistens nur kurze Zeit.

Aber, sie leben diese Zeit in Freiheit.

Ich sage hierzu folgendes:

LIEBER EIN RISIKOREICHES UND KURZES LEBEN IN FREIHEIT, ALS EIN LEBEN IN DER UNTERDRÜCKUNG.

Dieses trifft nicht nur für Straßentiere zu.

Persönliche Freiheit und ihre Einschränkungen.

Ich schreibe diese Zeilen, um einige grundsätzliche Fragen zu klären.

Die persönliche Freiheit ist unser wertvollstes Gut.

Diese zu verteidigen, ist die wichtigste Aufgabe von uns allen.

Dennoch hat diese auch Einschränkungen.

Durch die persönliche Freiheit des Einzelnen darf die persönliche Freiheit einer anderen Person nicht eingeschränkt werden.

Hierdurch sind natürliche Grenzen gesetzt.

Auch ist es unstatthaft, Vermögen auf Kosten anderer Personen aufzubauen und so diese in ihrem Denken und Handeln zu unterdrücken.

Sicher, im Arbeitsleben ist eine Einschränkung nötig.

Diese sollte sich aber auf das zur Arbeitsausführung nötige Maß beschränken. Ebenso sind die, für ein normales Zusammenleben nötigen Einschränkungen, zu akzeptieren.

Nicht zu akzeptieren sind übertriebene Reglementierungen und auf Religionen aufgebaute Regeln.

Hier ist besonders zu erwähnen, dass bereits den kleinen Kindern der Glaube an höhere Wesen, bösen und guten Geistern, Teufeln, Belohnung nach dem Ende des Lebens und mehr eingetrichtert wird.

Klar, dass sich so die Kinder leichter Handhaben lassen. Aber ihr Denken ist für den Rest ihres Lebens geschädigt. Dieses ist durchaus mit sexueller Belästigung im Kindesalter gleichzusetzen.

Ich bin für Religionsfreiheit. Aber wenn Religion und entsprechende Verhaltensweise anerzogen werden, bevor der Mensch denken kann, ist dieses praktisch wie eine Vergewaltigung.

Da ich auch die Wahrheit über Religionen geschrieben habe, werde ich von solchen Menschen, denen bereits im Kindesalter Teile ihres Verstandes geraubt wurden, mit unsachlichen Argumenten angegriffen.

Es ist eine Tatsache, dass das ganze Leben abgespeichert wird. Jeder von uns greift auf diese Daten von bereits verstorbenen oder auch von lebenden Personen unbewusst zu.

Auch hier ist Vorsicht angebracht.

Die Informationen stammen oft von Personen, deren Denken einschränkt oder falsch ist.

Auch von hier stammen falsche Informationen.

Auch durch diese Sachen ist die persönliche Freiheit gefährdet. Gewisse Einschränkungen sind auch zur Erhaltung einer gesunden Wirtschaft nötig. Nur wenn diese in Ordnung ist, ist persönliche Freiheit überhaupt möglich. In Notlagen sind Menschen bereit, auf ihre Freiheit weitgehend zu verzichten. Andere werden dieses rigoros ausnützen.

Liebe und Ehe führen zu weiteren Einschränkungen.

Solange das auf freiwilliger Basis geschieht und von beiden Partnern aus freien Willen akzeptiert wird, ist die Sache in Ordnung.

Zwangsehen sind grundsätzlich, Zweckehen in den meisten Fällen verwerflich. Ich hoffe, die meisten Fragen zu diesem Thema beantwortet zu haben.

Persönliche Freiheit und Sexualität.

Auch dieses Thema ist wichtig.

Es gibt im menschlichen Leben Grundbedürfnisse.

Zu diesen gehören beispielsweise Hunger und Durst. Auch der Fortpflanzungstrieb gehört hierzu und ist als mindestens gleichwertig einzustufen.

Auch das Ausleben der Sexualität ist ein wichtiger Teil der persönlichen Freiheit.

Hier haben die verschiedenen Religionen allerdings starken Einfluss genommen. Dieser hatte meistens den Zweck, Besitz und Erbe zu sichern.

Aber in Wahrheit ist der menschliche Sexualtrieb bei den Grundbedürfnissen einzustufen.

Allerdings ist eine Beziehung, die nur hierauf aufbaut, normalerweise nur kurzfristig.

Trotzdem sind auch diese ein wichtiger Teil der persönlichen Freiheit.

Sex und Liebe sind zwei verschiedene Dinge.

Es ist allerdings sehr wahrscheinlich, dass sich zwei Menschen, die miteinander sexuellen Kontakt haben, verlieben.

Beim Sex ist ein starker Kontakt gegeben und die Persönlichkeiten lernen sich kennen.

Hieraus können leicht Freundschaft und Liebe entstehen.

Bei langfristigen Beziehungen muss Liebe oder mindestens Freundschaft vorhanden sein.

Da es sich beim Sexualtrieb und den Fortpflanzungstrieb handelt, sind Abartigkeiten wie Sadismus, Masochismus und andere Abarten wie Sex mit Kindern hiermit nicht kompatibel und daher zu verurteilen.

Auch Sex unter nahen Verwandten gehört hierzu. Die Gefahr dass hier behinderte Kinder entstehen, ist hier viel zu groß.

Auch in der heutigen Zeiten mit Benutzung von Verhütungsmitteln gelten die von der Natur vorgegebenen Regeln.

Im Gehirn ist das Programm hierfür vorgegeben. Jede Abweichung hiervon ist ein deutliches Anzeichen für eine Störung.

Da Sex wie Essen, Trinken usw. einzustufen ist, ist dieser auch entsprechend zu handhaben.

Der Hang vieler Männer Sex mit verschiedenen Frauen zu haben, ist auch von der Natur vorgegeben.

Hier sollte eine Samenstreuung erreicht werden, die der Arterhaltung dienen sollte.

Auch in der heutigen Zeit sollten sich Paare, die zusammenbleiben wollen, sich zur Gründung einer Familie mit Kindern entschließen. Auch ich sehe die hieraus entstehenden Schwierigkeiten. Aber ohne Kinder ist der Fortbestand der Lebensform gefährdet.

Auch sind Versorgungssysteme hierauf aufgebaut.

Wer wird später diese Zeilen lesen, wenn es keine Menschen mehr gebe?

Paare, die sich mögen, sollten ohne Formalitäten zusammen leben. Erst wenn Kinder kommen sollte geheiratet werden, um die Kinder in einer intakten Familie großzuziehen.

Hier ist der Gesetzgeber gefragt, um bestehende Vorschriften und Regeln entsprechend anzupassen.

Ich wurde öfter nach meiner Meinung über homosexuelle Beziehungen gefragt.

Es ist klar, auch diese sind ein Teil der persönlichen Freiheit.

Dennoch gibt es hier eine Besonderheit:

Der menschliche Sexualtrieb ist mit dem Trieb zur Fortpflanzung und Arterhaltung identisch.

In unserem Gehirn ist dieses Programm fest verankert.

Bei einer gleichgeschlechtlichen Beziehung ist die Fortpflanzung und Arterhaltung, genauso wie bei manchen anderen Sexualpraktiken, nicht gegeben.

Es muss daher den Betroffenen bewusst sein, dass sie mit einer Verhaltensstörung leben müssen.

Diese ist allerdings meistens schon bei der Geburt vorgegeben und muss daher akzeptiert werden.

Auch Homosexualität ist ein wichtiger Teil der Freiheit des Einzelnen. Auch Homosexuelle Paare können ein glückliches und erfülltes Leben führen. Daher sind diese Beziehungen genauso zu befürworten wie heterosexuelle Beziehungen.

Eine andere Frage betrifft sogenannte Onenightstands.

Gegen diese ist nichts einzuwenden. Allerdings ist die Wahrscheinlichkeit gering, ohne Freundschaft oder Liebe eine langfristige Beziehung aufzubauen. Auch diese sind ein wichtiger Teil der persönlichen Freiheit.

Käufliche Liebe.

Mädchen die am Straßenrand stehen oder in entsprechenden Häusern arbeiten, zählen nach Meinung der meisten Menschen als schlecht oder als schlechte Menschen.

Auch hier spielen vorgegebene Moralbegriffe eine große Rolle,

Aber wie ist die Wahrheit?

Mir sind Fälle bekannt, wo diese Frauen einen Freund oder einen Mann und Kinder haben und auch noch eine vorbildliche Mutter sind.

Warum ist das so?

Diese Mädchen haben einen Kunden, erledigen die Sache und erhalten ihr Geld. Danach ist der Kunde in der Regel vergessen. Eine Beziehung baut sich hier im Normalfall nicht auf.

Anders ist es bei einer Beziehung zu einer normalen Frau.

Hier spielen Gefühle, auf beiden Seiten, eine große Rolle.

Wenn Sie oder er schon in einer festen Beziehung leben, kann diese darunter leiden. Es ersteht in der Regel eine zweite Beziehung, die oft stark genug ist, die erste zu zerstören.

Hier frage ich den Leser dieser Zeilen, welche von beiden Personen ist schlecht oder gut?

Schlecht und gut sind allerdings relative Begriffe, die von der gesellschaftlichen Moral und von der Erziehung abhängig sind. Daher sind es keine festen Werte.

Ist eine Frau die einen Mann heiratet um sein Vermögen zu teilen, eigentlich besser oder schlechter als ein Straßenmädchen?

Abtreibung.

Hier möchte ich auf das viel diskutierte Thema Abtreibung eingehen.

Ob ein Mädchen oder eine Frau ein Kind bekommen möchte, ist alleine ihre Entscheidung.

Es ist ein wichtiger Teil der persönlichen Freiheit.

Hier sollte jegliche Beeinflussung vermieden werden.

Besonders Abtreibungsgegner, religiöse Fanatiker und andere versuchen hier Einfluss zu nehmen.

Der Erfolg: Es werden unerwünschte Kinder zur Welt gebracht.

Oft wird hierdurch sogar die berufliche Existenz und das weitere Leben der Mutter gefährdet.

Die weiteren Folgen, auch für das Kind, sind nicht abzusehen aber in den überwiegenden Fällen schlecht oder mehr als schlecht.

Sicher, es gäbe auch eine andere Lösung.

Alle Mädchen ab 12 Jahren, sollten in der Schule die Pille bekommen.

Dieses ist zwar mit Kosten verbunden, ist aber immer noch billiger, als die spätere Unterstützung für die Kinder.

Sicher, viele Eltern und Familien werden aus moralischen Gründen dagegen sein.

Aber es würde viele Probleme erst nicht entstehen lassen.

Daher muss das Medikament auch von Schulen usw. ausgegeben werden.

Diese müssen auch die Einnahme kontrollieren, da viele Kinder unter dem Einfluss der Familie, Kirchen und sonstigen Erwachsenen stehen.

Später, wenn ein Kind gewünscht wird, kann das Medikament einfach abgesetzt werden.

Dieses wäre die Lösung um das erstere Problem zu reduzieren.

Ich gehe davon aus, dass die überwiegende Mehrzahl aller Mädchen nicht zu früh Mütter werden wollen.

Der Vorschlag liegt in ihrem Interesse und dürfte daher mit dem Recht auf persönliche Freiheit übereinstimmen. Enthaltsamkeit ist in der Praxis keine Lösung. Meistens findet der Beischlaf bei einem Verbot heimlich und meistens ohne Verhütung statt.

Außerdem ist Sex auch ein Teil des Rechtes auf persönliche Freiheit.

Unterdrückung

Unterdrückung ist ein weitläufiges Thema.
In vielen Ländern werden Menschen unterdrückt und verfolgt
Hierfür gibt es viele verschiedene Gründe:
1.Politische Gründe.
Hier werden Andersdenkende verfolgt, unterdrückt und auch getötet.
Hierzu gehört auch die Unterdrückung von Volksgruppen, Rassen und so
weiter. Einer der Höhepunkte war Deutschland in der Zeit als Hitler regierte.
Hier erfolgte nicht nur Rassenverfolgung und Vernichtung. Auch Andersdenkende wurden erbarmungslos verfolgt.
Aber auch heute sind ähnliche Erscheinungen und deren Auswüchse in
weiten Teilen der Welt leider noch vorhanden.
2.Religiöse Gründe.
Auch verschiedene Religionen dulden nur ihren Glauben.
Ist dieses die Staatsreligion, werden Personen die nicht der herrschenden
Überzeugung sind, verfolgt und unterdrückt.
Hierzu gehört auch die Unterdrückung des weiblichen Teiles der Bevölkerung. Nicht nur dass von Chancengleichheit keine Rede ist, religiöse Verblendungen gehen bis zur Zwangsehe oder zur qualvollen Beschneidung
der Frau. Hierzu gehören auch irrwitzige Traditionen und Bräuche.
Außerdem ist jede Beschneidung ein klarer Fall von Körperverletzung,
Aber auch in unserer Gesellschaft fehlt noch viel, um gleiche Chancen und
gleichen Verdienst zu gewährleisten.
Im Bereich der sexuellen Dienstleistung werden immer noch Mädchen und
Frauen in verschiedenen Ländern eingekauft oder mit falschen Versprechungen angelockt. Diese werden dann zu ihrer Arbeit gezwungen.
Ich könnte hier noch viele Beispiele nennen.

Neben einigen Anderen, wird besonders in den Industrieländern zur Zeit eine Bevölkerungsgruppe unterdrückt:

Die Raucher.

Ich möchte hier kein Urteil, über die Schädlichkeit des Nikotingenusses abgeben.

Es geht vielmehr um die Unterdrückung und Verunglimpfung einer Bevölkerungsgruppe durch eine Andere, die teilweise aus Fanatikern besteht, die nicht zu rauchen, zu einer Ersatzreligion gemacht haben, die sie anderen gewaltsam aufzwingen wollen.

Es steht jeden frei was er in seinen Leben tut, auch ob er raucht oder nicht. Dennoch habe ich schon erlebt das sich Raucher dafür entschuldigen, weil sie Rauchen oder sogar ein schlechtes Gewissen dabei haben. Das ist bereits die Folge einer Art von Gehirnwäsche, die fanatische Gesundheitsapostel mit Hilfe der Medien vollziehen.

Die Raucher müssen sich daher langsam zur Wehr setzen.

1.Kein Geld in Lokalen und anderen Institutionen ausgeben, wo das Rauchen untersagt ist.

2.Als Unternehmer keine Nichtraucher einstellen.

Diese sollen unter sich bleiben und den rauchenden Kollegen nicht auf den Geist gehen. Ich habe es selber so gehalten und es hatte nur Vorteile. Die nicht rauchenden Gesundheitsapostel stören den Arbeitsablauf durch mangelnde Risikofreudigkeit, Arbeitsausfälle durch unverhältnismäßig häufigen und unnötigen Arztbesuchen und fehlen bei geringfügigen Erkrankungen.

Außerdem zeigen sie häufig ein Verhalten, welches das Betriebsklima stört. Sie versuchen häufig, anderen auch in Dingen die nichts mit dem rauchen zu tun haben, ihre Meinung aufzuzwingen.

Nichtraucher sollen in Betrieben arbeiten, wo nur Nichtraucher arbeiten oder ihre rauchenden Kollegen in Ruhe lassen.

3.Keine längeren Reisen in Transportmitteln machen, wo das Rauchen untersagt ist.

4.Mehr Selbstbewusstsein zeigen. Die Nichtraucher sind nicht die Guten und haben sich viele Rechte einfach genommen, weil Raucher im Schnitt keine Fanatiker sind und sich nicht wehren. 5.Den Betreibern von Nichtraucherlokalen und so weiter, offen die Meinung sagen.

6.Keine politischen Parteien wählen, die gegen das Rauchen sind. Keine Unterstützung oder Mitarbeit von und in Organisationen, die gegen das Rauchen sind. Gegen gesetzliche Rauchverbote ist entschieden vorzugehen.

7.Keine Länder unterstützen, wo Rauchen massiv unterdrückt werden. Kauf von Artikeln aus diesen Ländern meiden sowie keine Urlaubsreisen in diese Länder machen. Spanien gehört durch die neuen Gesetze auch dazu. Andere Länder sind genauso schön.

Ich behaupte nicht, das Rauchen gut ist. Ich bin aber gegen die Unterdrückung derer, die es tun. Ich bin gegen jede Einschränkung der persönlichen Freiheit. Diese ist hier stark gegeben. Die Raucher werden zusätzlich noch über ungerechtfertigte Tabaksteuern geschröpft. Ungerechtfertigt, da Tabak ein Naturprodukt ist und daher anderen Lebensmitteln und Naturprodukten in Reformhäusern gleichgestellt werden müsste. Daher sollte man versuchen, die Tabakwaren so weit möglich und legal, günstig und in Ländern mit geringerer Tabaksteuer einzukaufen.

Inzwischen gewinnen die Nichtraucherinitiativen immer mehr die Oberhand.

Sie nutzten die Ängste der Menschen aus und wollen den rauchenden Teil der Bevölkerung total unterdrücken.

Sie haben es geschafft, dass viele Raucher sich schämen, dass sie rauchen.

RAUCHER, HABT IHR KEIN SELBSTBEWUSSTSEIN?

Ich weiß, ihr seid der friedliche Teil der Bevölkerung.

Aber irgendwann müsst auch ihr aufwachen und euch zur Wehr setzen. Es gibt viele Nichtraucherinitiativen, die von gefährlichen Fanatikern geführt werden, aber ich bin auf keine einzige Raucherinitiative gestoßen.

Die Geisteshaltung dieser Fanatiker entspricht jener, mit der vor dem 2. Weltkrieg speziell in Deutschland, Bevölkerungsgruppen unterdrückt und später vernichtet wurden.

Mir geht es hier nicht um rauchen oder nicht rauchen.

Aber es ist der Anfang einer Entwicklung.

Heute sind es die Raucher. Wer ist Morgen und übermorgen auf der Abschussliste?

Was ist in Zukunft noch Verboten, was heute noch selbstverständlich ist?

Der Einfluss von religiösen Gruppierungen ist in letzter Zeit in vielen Ländern auch, entgegen jeder Vernunft, zunehmend. Auch hier ist es sehr wahrscheinlich, dass dieses zu einer weiteren Einschränkung der Freiheit und zur Unterdrückung Andersdenkender führt.

Noch ist es nicht zu spät diese Entwicklung zu stoppen.

Fangt an, durch Initiativen und Gründung neuer Parteien diese Entwicklung im Keim zu ersticken.

Raucherinitiativen wären ein Anfang, weil eine Entwicklung nur zu stoppen ist, wenn sie noch am Anfang ist.

Leider ist es eine Tatsache, das eine Gruppe, die nicht rauchen als Religionsersatz betreibt, die Oberhand gewonnen hat.

Diese Menschen haben es geschafft, Europaweit und teilweise weltweit eine Reihe von Vorschriften durchzubringen um normale Menschen zu Unterdrücken.

Sie haben es sogar geschafft, das viele Raucher sich schämen, weil sie rauchen.

Leute, seid nicht so blöd!

Ebenso wie die Nichtraucher, sich nicht schämen müssten, weil sie nicht rauchen, braucht ein Raucher sich nicht zu schämen, weil er raucht. Es war auch nicht nötig, das Rauchen in Gaststätten zu verbieten. Hier waren immer die Raucher unter sich. Ich habe auch oft beobachtet, dass diese Rücksicht auf Nichtraucher genommen haben.

Dennoch bin ich für eine Trennung, von Raucher und Nichtraucherlokalen. Dieses muss aber eine Entscheidung des Besitzers sein und nicht eine weitere Vorschrift.

Es gibt aber auch eine Reihe von Leuten, die alles im Leben durch Vorschriften geregelt haben wollen.

Dieses geht bis in die privatesten Dinge.

Die Leute, die heute die Raucher unterdrücken, werden sich größtenteils auch hierfür stark machen.

Und, wenn sie niemand stoppt, wird man es bald mit immer mehr Vorschriften, Unterdrückung, immer mehr Prüderie und allen hiermit zusammenhängenden Dingen zu tun haben.

Ich weiß, der normale Bürger möchte in Frieden leben, seine Arbeit machen und sein Geld verdienen. Dieses wird von diesen Fanatikern schamlos ausgenutzt.

Hier muss ich wieder auf die Raucher zurückkommen:

Diese sind keine Fanatiker und meistens friedlich.

Sie sind daher die idealen Opfer.

Als nächstes werden andere Bevölkerungsgruppen folgen.

Auch der Datenschutz ist von diesen Erscheinungen betroffen.

Ich hoffe daher, das Europaweit und auch in anderen Teilen der Welt, sich Teile der schweigenden Mehrheit mit diesen Problemen befassen, sich nicht dumm reden lassen und etwas unternehmen um diese Fanatiker zu stoppen.

Hier muss ich noch einen Artikel einfügen, den ich im Auftrag einer Raucherinitiative geschrieben habe.

Da ich hier auch auf das Rauschgiftproblem und die Verbote eingehe, habe ich Diesen hinzugefügt.

Der Auftraggeber hat den Artikel auch bei einer Petition bei der europäischen Gemeinschaft beigelegt.

Meine Meinung über Rauchverbote.

In vielen Ländern Europa, aber auch in Ländern der restlichen Welt gelten Gesetze und Vorschriften gegen die Raucher.

Ob jemand nicht raucht oder raucht ist aber für jeden seine persönliche Entscheidung und ein Teil der persönlichen Freiheit.

Die Risiken dürften, dank gründlicher Aufklärung, heute schon jeden bekannt sein.

Der Schutz der Nichtraucher ist leider für viele eine Ersatzreligion.

Diese sind Fanatiker.

Sollen diese wirklich ihre Ziele durchsetzen können?

Hier muss dringend Einhalt geboten werden.

Firmen und Gastwirtschaften sind Eigentum der Besitzer. Nur diese können entscheiden, ob in ihrem Eigentum geraucht werden darf oder nicht.

Nichtraucher müssen nicht in Raucherlokale gehen oder in Firmen, wo geraucht wird arbeiten.

Das Gleiche gilt natürlich auch umgekehrt.

Bei Großunternehmen, Ämtern und Behörden empfehle ich einen Aufenthaltsraum für Raucher.

Verbote sind hier der falsche Weg und der Anfang des Überwachungsstaates.

Die Freiheit des Einzelnen geht hier verloren.

Viele Staaten kassieren eine Tabaksteuer, die immer weiter steigt.

Wenn sie gegen rauchen und Raucher sind, sind diese leider nicht besser, als Drogenkartelle.

Der Staat ist um die Gesundheit besorgt und möchte dieses mit Verboten regeln.

Das Rauchverbot kann daher nur der Anfang sein.

Als nächste käme Alkoholverbot.

Auch dieser ist gesundheitsschädlich.

Auch sind die Folgeschäden enorm. Außer den Schwierigkeiten die oft durch das Verhalten der Betrunkenen entstehen, ist hier auch die Verkehrsgefährdung zu beachten.

Auch hier greifen die Vorschriften nicht zu hundert Prozent.

Die Vernunft wird oft durch Alkohol reduziert.

Hier folgt gleich der Straßenverkehr.

Autos erzeugen Abgase die der Gesundheit schaden und auch Krebserkrankungen.

Durch Unfälle und ihre Folgen entsteht ein enormer volkswirtschaftlicher Schaden.

Also, müssten auch Autos verboten oder eingeschränkt werden.

Auch Elektroautos sind nur eine Verlagerung des Problems.

Diese müssen mit Strom aufgeladen werden.

Strom wird in Kraftwerken erzeugt.

Hier entstehen durch Verbrennung Abgase oder bei Atomkraftwerken, radioaktive Strahlung.

Beide Formen schaden daher der Gesundheit.

Alternative Energien werden auf lange Zeit, diesen Bedarf nicht decken können.

Auch öffentliche Verkehrsmittel verbrauchen Energie.

Da das Problem das Gleiche ist, müssten diese auch verboten oder eingeschränkt werden.

Das Gleiche trifft auch auf Heizung, egal in welcher Form und viele andere Dinge zu.

Auch die Nahrungsmittelproduktion ist hiervon betroffen.

Also, auch hier Verbote und Einschränkungen.

Schwangerschaft und Geburt sind auch ein Gesundheitsrisiko.

Da liegt nahe, dieses auch zu verbieten.

Damit würden sich auch alle anderen Probleme innerhalb weniger Generationen lösen.

Bei all den Regeln und Verboten, wäre Freiheit ein vergessener Begriff.

Negative Folgen kann ich selber in Spanien beobachten.

Raucher sitzen auch bei Kälte vor den Lokalen.
Hierüber freuen sich Apotheker und Ärzte.
Selbstverständlich werden die Ausfallzeiten durch Krankheit in den Betrieben auch weit zunehmen.
Gastwirte beklagen einen hohen Rückgang des Umsatzes.
Und dass in Krisenzeiten.
Einige Gaststätten mussten bereits schließen.
Was mit Verboten zu erreichen ist, sieht man bei Rauschgift und Drogen.
Stellen Sie sich vor, es gebe hier kein Verbot.
Heroin und anderes wären im Handel erhältlich.
Die Produkte werden dann auf ihre Zusammensetzung geprüft, wie jedes andere Produkt.
Das Risiko für die Konsumenten wäre weit geringer.
Das Produkt hätte nur den Preis, den es wert ist.
Rauschgifthändler würden dann keinen Gewinn mehr machen.
Es gäbe sie nicht mehr.
Bei entsprechender Aufklärung über die Folgen, würde die Anzahl der Konsumenten nicht steigen, sondern eher sinken.
Auch fehlt dann der Reiz des verbotenen.
Dieser ist, vor allem bei jungen Menschen, ein wichtiger Faktor.
Unsere Kinder würden nicht mehr in Schulhöfen oder bei anderen Gelegenheiten als Konsumenten angeworben werden.
Wozu?
Es fehlt der Gewinn.
Beschaffungskriminalität oder Beschaffungsprostitution?
Ein Fremdwort.
Auch hier ist mit Vernunft mehr zu erreichen, als durch Verbote und Strafen.
Die höhere mögliche Strafe, bringt mehr Gewinn für die Drogenkartelle.
Mehr Risiko, höhere Preise.
Das heißt, Verbote und Vorschriften sind keine Lösung für viele Dinge.
Wir wollen in Freiheit leben.
Ein hierdurch entstehendes Risiko, müssen wir in Kauf nehmen.
Das ist der Preis der Freiheit.
Die Verunglimpfung und Verfolgung des rauchenden Teiles der Bevölkerung ist der Anfang vom Verlust der Freiheit.
Lassen wir es nicht so weit kommen.

Leben in anderen Ländern.

Ich habe eine E-Mal, von einen in Berlin lebenden Mädchen, türkischer Abstammung erhalten.

Sie hatte mich gebeten keine Antwort zu senden, sondern in der Homepage zu antworten.

Sie hat folgende Probleme:

Sie muss nach dem Glauben und nach der Tradition leben.

Sie muss sich auch entsprechend kleiden.

Ihr zukünftiger Ehemann wurde bereits von der Familie ausgesucht.

Hier ist meine Antwort:

Wenn eine Person oder eine Familie in einem anderen Land leben will, müssen sich Diese, so weit die Gesellschaftsordnung mit den Grundsätzen der persönlichen Freiheit übereinstimmt, anpassen und die Gegebenheiten ihrer neuen Heimat übernehmen.

Der Glaube ist Sache des Einzelnen. Er darf Glauben was er will, aber keinesfalls andere dazu zwingen.

Auch muss der Bildung eines fremden Kulturkreises Einhalt geboten werden.

Die Migranten haben sich selber entschlossen, in einen anderen Kulturkreis zu leben.

Wenn die Regeln dieses Kreises nicht mit ihrer Religion vereinbar sind, müssen sie entweder ihre Religion ganz nach hinten stellen oder in ihre Heimat zurückkehren. Nur so können Probleme und Reibereien verhindert werden.

Ich meine hiermit nicht, dass Auswanderer ihre Kultur und Religion verleugnen müssen.

Aber die Moral und die Tradition des Gastlandes haben den Vorrang.

Nicht zu billigen sind auch grobe Verstöße gegen die Menschenrechte im Heimatland, auch wenn es die Religion und Tradition verlangt. So haben auch Männer und Frauen die gleichen Rechte und Pflichten.

Wenn sich eine Familie in der 2. Generation noch nicht angepasst hat, ist es empfehlenswert, dass die Unverbesserlichen zurück in ihre Heimat gehen.

Die, die sich an das Gastland angepasst haben, sollen auch nach dessen Regeln leben.

Ein deutscher Autor behauptet, dass die meisten Migranten dümmer sind, als Einheimische.

Ich sehe eine andere Ursache.

Dieser Personenkreis möchte in anderen Ländern Geld und Arbeit finden.

Hier muss ich einmal auf das an sich schlechte Schichtensystem eingehen.

Die Oberschicht und Mittelschicht findet auch in der Heimat Arbeit und Verdienst.

Anders sieht es bei der Unterschicht aus. Diese müssen teilweise auswandern, um zu überleben. Bildung, Verhalten und vieles mehr ist somit vorgegeben. Ich glaube, hiermit auch diese Frage geklärt zu haben.

Hier muss ich allerdings noch einen Auszug aus einem meiner Bücher hinzufügen:

Meine Meinung über den Islam.

Durch den guten Kontakt zu Mohammedanern, habe ich einiges gelernt.

Vorher kannte ich zwar schon einiges über den Islam.

Aber es gibt doch einen großen Unterschied, zwischen Theorie und Praxis.

Hier möchte ich betonen dass meine Anschauungen, besonders über die persönliche Freiheit, keinesfalls mit dem Islam vereinbar sind.

Meine islamischen Bekannten, wussten hierüber Bescheid und haben meine Anschauungen akzeptiert.

Ich schätze 75 % der Mohammedaner, sind nette und freundliche Menschen.

Ich habe hiermit nur gute Erfahrungen gemacht.

Sie wollen in Frieden leben.

Das gilt auch, wenn sie in nicht mohammedanischen Ländern leben.

Hier gibt es allerdings ein großes Problem.

Sie stellen ihre Religion, ihre Regeln und Bräuche, über die Gesetze, Regeln und Moral des Gastlandes.

Hier ist es dringend nötig ihnen beizubringen, dass in einem anderen Land, die Regel dieses Landes auch für sie gelten.

Hier 2 Beispiele:

Die Beschneidung aus religiösen Gründen, besonders von Kindern, ist in unserer Kultur schwere Körperverletzung und muss entsprechend bestraft werden.

Als überzeugter Tierschützer, muss ich auch auf die im Islam üblichen Schlachtmethoden beanstanden.

Sie sind mit dem Verständnis für Tierschutz und den bestehenden, wenn auch mäßigen Gesetzen, nicht vereinbar.

Hier sollte die Schlachtmethode und auch der Verkauf der Produkte verboten werden.

Die Unterdrückung des weiblichen Teils der Mohammedaner findet auch in anderen Kulturkreisen statt.

Zum Beispiel sollten Ehen, die zwangsweise geschlossen wurden, in Ländern die nicht mohammedanisch sind, nicht anerkannt werden.

Ich finde es ist schon nicht richtig, dass Männer in jungen Jahren verheiratet werden.

Diese können sich aber problemlos eine Zweitfrau nehmen.

Anders ist das bei Mädchen.

Diese werden im Kindesalter von der Familie versprochen.

Danach werden sie möglichst schnell verheiratet.

Dann sind sie praktisch Eigentum ihres Mannes.

Arme Familien, tun auch häufig ihre Töchter verkaufen.

Selbstverständlich sind hier auch Vergewaltigungen die Regel.

Kindesmissbrauch ist auch häufig im Spiel.

Auch hier ist wenigstens darauf zu achten, dass so etwas in Ländern mit anderen Moralvorstellungen nicht passiert.

Auch Ehrenmorde müssen mit der vollen Härte des Gesetzes verfolgt werden.

Ich finde, soweit können sich die Mohammedaner an die Bräuche ihres Gastlandes anpassen.

Sie können dann in Frieden in diesem Land leben.

Leider müssen sie eine Subkultur bilden.

Das ist schon an den Kleidungsvorschriften für ihre Frauen und Mädchen sehen.

Eine totale Integration der Mohammedaner ist leider nicht in westlich orientierten Gesellschaften möglich.

Durch ihre religiöse Erziehung ist das leider nicht möglich.

Leider glaube ich, dass Jugendliche durch die Schaffung der Subkultur, leider viel weniger Chancen haben, als andere junge Leute im gleichen Alter.

Dieses ist leider der ideale Nährboden, für islamische Fundamentalisten.

Hier ist es für sie ein leichtes, jüngere Leute, meistens Männer, als Anhänger und auch für den Kampf zu gewinnen.

Leider handeln die Fundamentalisten streng nach den Grundsätzen des Islam.

Die Regeln und Strafen des islamischen Gesetzes, sind im Glauben festgeschrieben.

Der sogenannte heilige Krieg und die Ermordung der Andersgläubigen ebenfalls.

Auch das die Frauen und Mädchen Eigentum der siegreichen Kämpfer werden, ist auch ein Teil der Lehre.

Aber warum hatte Mohammed und die anderen Schreiber des Koran, dieses festgelegt?

Es war damals eine ganz andere Zeit.

Sie mussten für Ordnung in ihren Reihen sorgen.

Daher das islamische Gesetz.

Sie wollten ihren Glauben und ihr Machtgebiet ausbreiten.

Die Feinde hatten meistens einen anderen Glauben.

Daher der heilige Krieg.

Hierfür musste den Kämpfern auch eine Belohnung versprochen werden.

Daher die Behauptung, dass jeder der im Kampf für den Islam stirbt, nach seinem Tode belohnt wird.

Und die Regeln, bezüglich der Frauen?

Auch das ist ganz einfach zu erklären.

Es mussten über Generationen, möglichst viele Kinder geboren werden.

Nur so, gab es die nötigen Kämpfer.

Außerdem war es eine von Männern dominierte Gesellschaftsform.

Die Männer mussten ihren Besitz sichern.

Es gab und gibt auch viele kriegerische Auseinandersetzungen innerhalb des Islam.

Hier geht es aber weniger um den Glauben, als um die Regelung von Machtverhältnissen.

Trotzdem, eine ganz vorsichtige Frage an alle islamischen Fundamentalisten:

Findet ihr das Ganze noch zeitgemäß?

Ist es nicht an der Zeit, den Islam wenigstens ein wenig zu reformieren.

Das ist meine Meinung über den Islam.

Es kann sein, dass ich in einigen Punkten etwas daneben liege.Dennoch, ich glaube dass es so ist.

Strafvollzug.

Die Strafverfolgung ist mit erheblichen Kosten verbunden und erfüllt meistens ihren Zweck bei weitem nicht.

Wie ist dieses zu verbessern?

Auch eine Senkung der Kosten muss erreicht werden.

Einen Straftäter einfach wegzusperren, bringt in meisten Fällen absolut nichts.

Die Rückfallquote ist hoch.

Eine Eingliederung nach einer längeren Gefängnisstrafe ist meistens unmöglich oder sehr schwer.

Was ist also zu tun?

Als erstes müssen wir Gewalttäter und Täter die nicht gewalttätig sind trennen.

Für Gewalttäter gibt es leider nur die alte Strafvollstreckung.

Allerdings müssen diese als gestörte Persönlichkeiten entsprechend betreut werden.

Die Gefängnisse müssen produktive Wirtschaftsunternehmen werden und Überschuss erwirtschaften.

Alle Täter, die keine gewalttätigen Verbrechen begangen haben, müssen gemeinnützige Arbeit verrichten.

Hierzu gehört auch Alten und Krankenpflege, Müllabfuhr und die Pflege der öffentlichen Anlagen.

Damit die Täter nicht rückfällig werden, müssen diese einen Mindestlohn erhalten, der zum Leben reicht. Trotzdem ist diese Art der Bestrafung viel billiger als ein Gefängnisaufenthalt. Weitere Einsparungen werden durch die billigen Arbeiter erzielt.

Da die Täter in ihrer gewohnten Umgebung bleiben, ist hierdurch die Rückfallwahrscheinlichkeit geringer.

Da auch diese Täter sozial gestört sind, ist auch hier eine psychologische Betreuung dringend angesagt.

In einigen Ländern gibt es noch die Todesstrafe.

Hierzu genügt ein Satz: Mord im Namen des Staates. Auch ist ein Irrtum, wie es schon häufig vorgekommen ist, ist nicht mehr zu korrigieren.

Menschen und Tiere.

Als erstes ist die Frage zu stellen:
Was ist der Mensch.
Der Mensch ist eine Tierart, die den Primaten zuzuordnen ist.
Er verfügt über eine hohe Intelligenz und einige weitere Fähigkeiten.
Eine Fähigkeit hiervon, ist die Bildung von Gruppen, die von der Familie bis zum Staat gehen.
Er hat gelernt, aufrecht zu gehen und seine Vorderpfoten als Hände zu gebrauchen.
So konnte er Waffen und Werkzeuge erfinden und gebrauchen.
Hierdurch war es möglich, natürliche Feinde zu vernichten oder stark zu reduzieren.
Somit stand der Mensch an der Spitze der Nahrungskette und konnte sich so, in großen Mengen, auf fast der ganzen Erde ausbreiten.
Für andere Lebensformen blieb und bleibt daher nur wenig Platz.
War und ist eine Lebensform dem Menschen im Weg, wird diese verfolgt oder vernichtet.
Daher sind einige Gattungen fast oder ganz ausgestorben.
Der Mensch hat auch einige große Fehler.
Er glaubt etwas Besonderes zu sein. Daher unterscheidet er fälschlicherweise Mensch und Tier.
Er glaubt an seine Sonderstellung in der Natur.
Die Menschen haben Religionen und Götter geschaffen.
Diese haben natürlich in der Phantasie die Gestalt eines Menschen und bestätigen natürlich auch die Sonderstellung des Menschen.
In einigen Religionen wurde den Göttern auch das Aussehen eines Tieres gegeben.
Aber auch diese wurden vermenschlicht.
Wenn es einen Gott gibt, würde er bestimmt nicht wie ein Mensch aussehen und Sätze wie Macht euch die Erde untertan, wären unmöglich.
Da sich die Menschen praktisch ungehindert ausbreiten konnten, ist heute die Umwelt und die Natur schwer geschädigt oder am Ende.
Durch die starke Vermehrung des Menschen, sind auch Hungerkatastrophen, wie jetzt in Afrika, unausweichlich und es sind auch noch weit mehr zu erwarten.

Nur Kriege unter den Menschen haben zur Reduzierung der Bevölkerungsdichte beigetragen.

Menschen töten sich gegenseitig, was bei den meisten Tierarten nicht gegeben ist.

Diese achten und schonen meistens ihre Art.

Der Mensch ist Raubtier, aber auch Allesfresser.

Dieses ist auch heute noch unschwer an den Eckzähnen zu sehen.

Es ist daher von der Natur vorgegeben, dass er Gemüse aber auch Fleisch zu sich nimmt. Veganer und Vegetarier leben daher entgegen der Vorgabe der Natur.

Außerdem wird ihre Pflanzennahrung oft mit den Abwässern der Tierzucht gedünkt.

Für die richtige Ernährung müssen daher auch Tiere getötet werden.

Jede Lebensform muss nach den vorgegebenen Regeln die für ihre Art gelten, leben und hiermit existieren.

Das gilt natürlich auch für die Tierart mit dem Namen Mensch.

Sicher, es ist durchaus möglich die Anzahl der zur Fleischproduktion zu verwendenden Tiere zu reduzieren.

Kaufen Sie Fleisch tiefgekühlt oder in Dosen.

Durch die höhere Haltbarkeit, landet weit weniger im Abfall.

In späteren Zeiten ist es vielleicht möglich, durch Zellvermehrung künstliches Fleisch herzustellen.

Diese Methode wäre durchaus eine Alternative.

Sicher, der Mensch ist von Natur aus. Er ist ein Raubtier und Jäger.

Der Jagdinstinkt ist in unserer Natur vorgegeben.

Auch Ersatzbefriedigungen wie Computerspiele, dienen zur Befriedigung desselben.

Auch Angeln ist eine Form hiervon.

Sie ist aber leider auch besonders grausam.

Ein lebendes Tier wird auf einen Haken gespießt.

Dann wird es in das Wasser geworfen.

Hier soll ein Fisch das Tier fangen und fressen.

Hierbei verschluckt er den Angelhaken.

Dieser verhakt sich im Maul oder im Verdauungstrakt.

Dann wird der Fisch an diesen Haken an Land gezogen und später, meistens grausam, getötet.

Aber auch die industriellen Methoden für Fang und Tötung von Wassertieren, sind auch nicht viel besser.

Hier kann bestimmt noch einiges verbessert werden.

Besonders grausam finde ich, dass einige Tierarten lebend angeliefert werden, um dann lebend in kochendes Wasser geworfen werden.

Was sagen Sie dazu?

Tiere die zur Erzeugung von Nahrung dienen, sollten wenigstens in ihrem verkürzten Leben, ein vernünftiges und artgerechtes Leben führen können.

Die Tötung soll möglichst human erfolgen.

Grausame Schlachtmethoden, wie es einige Religionen verlangen, gehören verboten und hart bestraft.

Die verschiedenen Lebensformen haben natürlich eigene Normen und Regeln.

Menschliche Moralvorstellungen sind hier keinesfalls angebracht.

Ein Raubtier tötet andere Arten um Nahrung zu erhalten und um zu überleben. Manches erscheint nach der menschlichen Moral grausam und sehr schlimm.

Aber es ist so von der Natur vorgegeben und daher als richtig zu betrachten.

Ich selber töte keine Fliege oder ein anderes Tier.

Außer es greift mich an und möchte mich schädigen. Oder es ist eine nötige Nahrungsquelle.

Das Recht, sich zu verteidigen, hat jede Lebensform, auch wenn es meistens nicht in das Konzept der Lebensform Mensch passt.

Außerdem hat die vermeintliche Sonderstellung des Menschen noch einige kuriose Erscheinungen.

Hier ein Beispiel:

Wenn ein Haifisch einen Menschen tötet, ist dieses eine schlimme Sache.

Das Tier wird gejagt und möglichst getötet.

Der Mensch darf aber Haifisch essen und findet dieses auch in Ordnung.

Hier könnte ich noch sehr viele ähnliche Beispiele schreiben.

Vor langer Zeit, lebten die Menschen hauptsächlich von der Jagd.

Eines Tages, wurden Tiere eingefangen und in der Nähe der Menschen gehalten.

Sie dienten als Vorrat an Frischfleisch.

Außerdem mussten diese nicht mehr gejagt werden.

Hiermit war das Haustier entstanden.

Der Mensch war auch langsam und manchmal auch zu faul zum Gehen. Abhilfe schaffte die Idee, sich auf schnellere Lebensformen zu setzen und so zu reiten.

Außerdem war es auch möglich, diese Tiere später zu verspeisen.

Dennoch hatte sich das Haustier hiermit eine Stufe weiterentwickelt.

Später wurden Wölfe und ähnliche Arten miteinander gekreuzt.

Das Ergebnis waren die ersten Haushunde.

Diese waren gut zur Bewachung des Hauses, des Eigentums und auch für viele andere Aufgaben zu gebrauchen.

Hier war es möglich, das Grundverhalten der Tiere zu benutzen.

Hunde sind Rudeltiere.

Sie erkennen die Menschen mit denen sie zusammen leben, als ihr Rudel und nehmen daher die Anweisungen ihres vermeintlichen Rudelführers an.

Dieses Verhalten ist den Hunden bis in die heutige Zeit geblieben.

Durch die Vermenschlichung der Tiere, kommt es hier auch immer zu schweren Missverständnissen.

Jeder Hund wird auch versuchen, seine Rangfolge im Rudel zu verbessern.

Auch das versteht fast kein Mensch.

Um der Mäuse-Plage Herr zu werden und daher auch zum Schutz der Lebensmittelvorräte, kamen später auch die Katzen hinzu.

Später wurden auch viele andere Tierarten von sogenannten Tierfreunden gehalten.

Diese wurden in ihrer natürlichen Umgebung eingefangen oder extra für diesen Zweck gezüchtet.

Danach werden die Tiere in Terrarien, Aquarien, Käfige und anderes gesteckt.

Sie müssen hier ihr Leben verbringen.

Oft als Einzeltier, obwohl es gegen ihre Natur ist.

Hier schreibe ich besser nicht meine Meinung. Auch zu unseren normalen Haustieren, ist die Einstellung des einzelnen Menschen sehr unterschiedlich.

Einige verhätscheln ihre Tiere, andere betrachten sie als ungeliebten Gegenstand.

Hunde und auch Katzen werden, wenn sie nicht mehr benötigt werden, einfach ausgesetzt oder schlimmstenfalls getötet.

Ausgesetzten Tieren wird zusätzlich durch unterirdische Mülltonnen und ähnlichen unmöglich gemacht, Futter zu finden.

Hier ist es jetzt die Aufgabe der Menschen, dafür zu sorgen, dass die Tiere Futter bekommen.

Viele Tiere werden auch eingefangen und nach einiger Zeit getötet.

Dabei hat kein Mensch das Recht, Tiere zu töten, wenn keine Notwendigkeit vorliegt. Das gilt auch für die Besitzer von Haustieren.

Wenn ein Tier krank ist und große Schmerzen leidet, habe ich Verständnis für die Todesspritze.

Sonst nicht.

Bei ausgesetzten Hunden habe ich auch folgende Beobachtung gemacht: Diese bilden bereits nach kurzer Zeit ein Rudel.

Dieses verbessert ihre Überlebenschance.

Ich habe daher folgenden Vorschlag zu machen:

Ausgesetzte und wild lebende Hunde kommen auf große Gelände mit ausreichend Futter- und Wasserstellen.

Sie werden in der Nähe bleiben, da sie hier ihr Futter finden.

Ein artgerechtes Leben ist so auch von selber gegeben.

Es ist eine Aufgabe der Menschen, hier für das nötige Futter zu sorgen.

Es gibt leider auch genügend abgelaufene Lebensmittel, die hier wenigstens einem vernünftigen Zweck zugeführt werden.

Ein Teil der Tiere kann natürlich auch an Tierfreunde vermittelt werden, die ein Haustier suchen

Es ist immer noch besser, als dubiose Tierhändler weiter zu fördern. Tiere sind auch keine Gegenstände und eigentlich kein Besitz des Menschen.

Dieses sollten die Gesetzgeber der einzelnen Länder endlich beachten.

Wer ein Tier tötet, begeht im Prinzip einen Mord.

Ausnahme ist nur die Erzeugung von Nahrung, wie sie uns als Raubtier vorgegeben ist.

Ansonsten sind Menschen und alle anderen Lebensformen gleichberechtigt.

Der Mensch hat hier, trotz der höheren Intelligenz, keine Sonderstellung.

Die Erweiterung und Schaffung von Naturparks ist ein positiver Anfang für die Wildtiere.

Ich hoffe, dass weitere folgen werden.

Dennoch sind auch hier der Jagdtrieb und die Gewinnsucht der Menschen zu beachten.

Auch das Leid der Versuchstiere muss beachtet werden.

Zahlreiche Tiere aller Arten, werden hier, oft unter sogenannten Unmenschlichen Bedingungen gehalten. Im Namen der Wissenschaft, werden rücksichtslos alle Arten von Versuchen an ihnen durchgeführt.

Ich sehe ein, das neue Medikamente getestet werden müssen.

Aber keinesfalls Kosmetikartikel.

Ich habe gehört, das 90 % der Versuche unnötig sind.

Außerdem muss jedes Medikament am Schluss am Menschen getestet werden.

Hier fordere ich eine Beschränkung der Versuche und das nötigste. Wenn Versuche überlebt worden sind, ist die Freilassung der Tiere und eine zeitliche Beschränkung des Aufenthaltes im Labor unbedingt zu veranlassen.

Sogenannte Tötungsanstalten und das Töten von lebensfähigen Haustieren in Tierheimen sind unverzüglich zu beenden und auch unter Strafe zu stellen.

Freilaufende Tiere sind übrigens kein Abfall, sondern sie haben das gleiche Recht zu leben und auch zur Benutzung des Planeten wie wir.

Hier noch ein paar Worte zum Tierschutz und zum vermeintlichen Tierschutz.

Hier sind einige Beobachtungen, die ich selber gemacht habe.

Tierschutzvereine sammeln Geld um Tieren zu helfen.

Auch Privatpersonen geben viel Geld für die Hilfe für Tiere aus.

Im Internet werden viele Tiere angeboten.

Es sind arme Tiere, meistens Hunde, die ein neues Zuhause suchen.

Diese leben anscheinend in Tierheimen und müssen, laut der Angabe im Internet, getötet werden, wenn sich kein neuer Besitzer meldet.

Häufig findet man hier auch dieselben Bilder, manchmal auch mit verschiedenen Geschichten.

Auffällig ist, dass nach einer Anfrage ein stolzer Preis verlangt wird.

Häufig sind hier auch die Transportkosten weit überhöht.

Hier handelt es sich offensichtlich um verkappte Tierhändler, die versuchen, mit der Mitleidstour viel Geld zu machen.

Ebenso sollen europaweit Hunde aus Tötungsstationen gerettet werden.

Entgegen den Vorschriften, sieht die Praxis leider anders aus.

Mir legen Berichte aus verschiedenen Ländern vor.

Leider auch aus Deutschland.

Auch hier wird auf Anfrage ein mehrfach überhöhter Preis verlangt.

Diese Tierhändler arbeiten häufig mit Transportunternehmern zusammen, die sich hier eine goldene Nase verdienen wollen.

Nicht nur Tierschutzvereine, sondern auch Privatpersonen werden hier rücksichtslos abgezockt.

Ich empfehle, das Geld in vernünftige Projekte zu investieren und Privatpersonen zu unterstützen, die ausgesetzte Tiere füttern.

Diese machen dieses häufig auf eigene Kosten und bekommen keinerlei Hilfe.

Hier ist schnelles Umdenken nötig.

Auch beim Transport von sogenannten Nutztieren sind Veränderungen und Kontrollen nötig.

Ich lebe in Spanien und musste hier schon schlimme Sachen bei Tiertransporten sehen.

Aber auch aus anderen Ländern, wurde mir von den gleichen Missständen berichtet.

Hier ist der Gesetzgeber, die EU. sowie die Polizei gefragt. Die Menschen haben Tierarten an ihren Bedarf angepasst. Für diese und die hieraus entstandenen Folgen müssen sie die Verantwortung tragen.

Was ist zu tun?

Wenn Sie mit einigen Punkten meines Buches nicht einverstanden sind, verdammen Sie nicht den Rest.
Denken Sie bitte auch über die strittigen Punkte nach.
Erzählen Sie Ihren Bekannten von meinem Buch.
Dieses hilft, Verbesserungen zu erreichen.
Einige Leser nennen mich „Stimme der Vernunft".
Hier kann ich nicht sagen, ob es wahr ist.
Ich selber, glaube es nicht.
Dennoch plane auch die Gründung einer Partei, die auch dem Inhalt dieses Buches den nötigen Nachdruck verleiht.
Ich habe auch schon, ein Parteiprogramm entworfen.
Das praktisch aber nur ein Entwurf und kann noch verändert werden.
:

Hier das Parteiprogramm:
1. Jeder hat das Grundrecht auf seine persönliche Freiheit. Diese wird durch eine Unmenge von unnötigen Vorschriften und Regelungen, immer weiter eingeschränkt. Wir fordern die Abschaffung aller Vorschriften und Gesetze, die unnötig in die Entscheidungsfreiheit des Einzelnen eingreifen.

2. Eine Bildungsreform entsprechend dem Buch „Die Welt, das Leben". Im Beruf und bei der Einstellung, geht die momentane Leistung vor Schule.

3. Mehr Entscheidungsfreiheit für Gerichte. Keine festen Regeln zur Festlegung von Strafen, Hier ein Beispiel: Wenn eine Frau vergewaltigt wurde und in der folgenden Zeit ihren Peiniger tötet, ist eine Bewährungsstrafe ausreichend. Wenn jugendliche Täter in angetrunkenen Zustand einen Unbeteiligten erschlagen, gehören Diese lebenslänglich aus dem Verkehr gezogen, Auch Alkohol und Drogen sind hier keine Entschuldigung. Jeden sind die Folgen davon schon vorher bewusst.

4. Wegfall aller Sondersteuern und Abgaben auf jede Art von Artikeln. Auch keine Benzinsteuern, Alkoholsteuern, Tabaksteuern und Umweltschutzabgaben.

5. Umweltschutz und Energiewende nur im vernünftigen Rahmen. Auch der Energieverbrauch ist ein Grundrecht. Daher keine hohen Energiepreise, aber auch keine Vergünstigungen.

6. Wegfall von Hartz 4. Dafür ein vernünftiges Sozialhilfegesetz. (Siehe im Buch oder die überarbeitete Version bei Amazon für Kindle).

7. Wegfall der Grundversorgung für Rentner. Dafür eine Mindestrente. Das spart enorme Verwaltungskosten. Die Mitarbeiter im Grundversorgungsamt, können besser eingesetzt werden.

8. Internet ist eines der Grundrechte. Keine Kontrolle oder Spionage.

9.Ein besseres Tierschutzgesetz. Tiere sind keine Gegenstände.

10. Euro? Im Prinzip ja. Aber nur für Länder, die es sich leisten können.

11. Änderungen in dem Sozialgesetzen in der EU. Zuständigkeit ändern und regeln. Für Sozialleistungen für Bürger aus Staaten der Europäischen Union ist das Herkunftsland zuständig. Es gelten die Vorschriften und Gesetze dieses Landes. Ausgenommen ist nur das Arbeitslosengeld (zum Beispiel in Deutschland nur das Arbeitslosengeld 1).

Über den Autor

Rainer Nemayer

Ich bin im Juli 1945 in Oberbayern geboren.

Bis zu meinem 7. Lebensjahr lebte ich in Deutschland, danach 7 Jahre in Barcelona.

Als ich wieder nach Deutschland kam, habe ich hier die Schule abgeschlossen und danach die Staatslehranstalt für Fotografie und Cinema besucht.

Auch hier habe ich den Abschluss der Fachhochschule erreicht.

Danach habe ich als Fotograf gearbeitet aber auch verschiedene andere Arbeiten ausprobiert.

Ab 1978 habe ich auch schmutzige Markisen gereinigt.

Kurzgeschichten und auch einige Gedichte habe ich schon als Kind geschrieben und auch mit Erfolg veröffentlicht.

1997 bis 2014 habe ich mit Frau und Tochter, wiederum in Spanien gelebt.

Bei meinen Büchern, lege ich Wert darauf, dass die enthaltene Botschaft den Leser erreicht.

Rechtschreibung und Grammatik spielen hier daher nur eine untergeordnete Rolle.

Vielen Dank für den Kauf dieses Buches.

Rainer Nemayer

Über dieses Buch

Die erste Ausgabe habe ich 2001 geschrieben.

Seitdem, wurde es immer wieder aktualisiert.

Die aktuelle Ausgabe ist nun die Nummer 12.

Der Artikel „Die Wahrheit über Religionen" ist hier nicht mehr enthalten.

Dieses Buch können Sie jetzt extra beziehen.

Beachten Sie bitte auch unsere anderen Bücher.

Weitere Bücher:

Alle Bücher bei http://amazon.de,
bei http://lulu.com
Oder bei http://epubli.de erhältlich.
Geben Sie hier bitte als Suchbegriff Nemayer ein.

Von Rainer Nemayer:
Bilder aus Spanien.
Granada, der Bildband.
Leben und arbeiten in Spanien.
Wie veröffentliche ich ein Buch oder Ebook, kostenlos oder günstig.
Geld verdienen mit Markisenreinigung.
Atomkraft, nein danke?
Lara und der Islam.

Von Katharina Nemayer:
Tiere in Spanien und meine Erfahrungen.
Zukunftsblicke.
Bilder mit Gefühlen.
Tierfotos aus Spanien.
Was Tiere vielleicht denken.
Motril. Bildband.

_____